Endossos

"Amar as pessoas é difícil! Mesmo em nossos melhores dias, amar as pessoas mais próximas de nós pode ser complicado. Mas as histórias que Adam conta em *O Amor tem um nome* nos mostram que o amor não é tão complicado quanto fazemos ele parecer. Porque o amor tem um nome, e esse nome não é Mark, ou Adam, ou mesmo o seu! Esse nome é Jesus e, quando amamos por Ele, tudo o mais se encaixa. Lutando para amar? Pegue este livro."

— **Mark Batterson**, autor best-seller do *The New York Times*, de *The Circle Maker* e pastor líder da National Community Church.

"Em *O Amor tem um nome*, Adam Weber nos mostra como amar as pessoas mesmo quando isso é doloroso, difícil e desgastante. As palavras de Adam rejuvenescem minha alma. Este livro realmente ministrou ao meu coração — ao meu desejo de não apenas amar Jesus, mas amar *como* Ele. Agarre este livro!"

— **Rashawn Copeland**, fundador do I'm So Blessed Daily, e autor de *Start Where You Are*.

"Alguns dos momentos mais poderosos de nossa vida são quando alguém nos chama pelo nome. Literalmente, faz nosso cérebro disparar mais rápido. Nós nos sentimos especiais. Meu amigo Adam Weber lutou com isso em *O Amor tem um nome*. Vi Adam amar plenamente as pessoas — ele é o cara certo para conduzir essa conversa. Adam nos aponta para aquele que conhece o amor como nenhum outro: *Jesus*.

— **Tyler Reagin**, autor de *The Life-Giving Leader* e fundador da Life-Giving Company.

"Se você achar que seu coração está ficando insensível ou que o evangelho se tornou apenas uma série de ideias ou proposições, este livro será um tremendo desafio e ajuda para você. Adam captura a história de amor da vida de Jesus representada nos relacionamentos modernos, e ela é linda. Obrigado por isso, Adam. Meu próprio coração amoleceu. Eu precisava disso."

— **Carey Nieuwhof**, podcaster, palestrante e autor best-seller.

"Meu amigo Adam Weber é um verdadeiro catalisador! *O Amor tem um nome* é um livro prático, cheio de histórias do dia a dia sobre como amar os outros assim como Jesus — uma missão e um propósito que todos nós deveríamos perseguir."

— **Brad Lomenick**, fundador da BLINC e autor de *H3 Leadership and The Catalyst Leader*.

"Este livro é especial. Meu amigo Adam Weber tem um jeito incrível de trazer *insights* profundos de uma forma que qualquer pessoa pode entender. Este livro é cheio de histórias — histórias *comuns* sobre pessoas comuns, como eu e você. Cada uma delas incorpora um aspecto único do amor. E cada uma nos leva mais fundo no sagrado abraço de Jesus. Você será muito abençoado!"

— Daniel Fusco, pastor, apresentador de televisão e rádio, e autor de
Crazy Happy; Upward, Inward, Outward; and Honestly.

"Este livro é maravilhosamente pessoal e poderosamente universal. Com uma visão cativante e profunda compaixão, Adam revela um Deus que nos vê e nos conhece, mas ainda assim nos ama incansavelmente."

— Katherine e Jay Wolf, sobreviventes, advogados
e autores de *Suffer Strong and Hope Heals.*

"Numa época de tanta indignação, brigas partidárias e 'cancelamento' de pessoas que não se encaixam em nossas sensibilidades, um forte curso de atualização sobre o amor é extremamente necessário. Não consigo pensar em muitas pessoas mais qualificadas para oferecer isso do que meu amigo pastor Adam Weber. Cada vez que encontro Adam, tenho vontade de sair e amar alguém. Acredito que ele causará esse mesmo impacto em você."

— Sccott Sauls, pastor sênior da Igreja Presbiteriana de Cristo e autor de
Jesus Outside the Lines and A Gentle Answe.

"*O Amor tem um nome* é uma carta de amor às coisas que são boas e verdadeiras. Este é um convite provocativo e perspicaz para ver os outros e a nós mesmos de uma forma nova, nomeando aquilo que realmente esteve lá o tempo todo: o amor."

— Brad Montague, autor best-seller do *The New York Times*
e ilustrador de *Becoming Better Grownups.*

"Nosso mundo está repleto de divisão, raiva e desprezo. Podemos nos conectar facilmente por meio da tecnologia, embora ela pareça nos distanciar. Em tal cenário, nada pode cultivar, redimir e restaurar como o amor de Deus. Adam Weber nos guia com entusiasmo e humildade para Cristo, a fonte de todo amor. Leia e inspire-se para ser um reservatório desse amor no mundo."

— Mark Sayers, líder sênior da Igreja Red
e autor de *Reappearing Church and Strange Days.*

"Em *O Amor tem um nome*, Adam Weber destrói o mito de que amamos com base naquilo que sentimos. Redefinindo a forma como o amor é demonstrado e atendido, Adam deu-nos um guia de campo para o amor diário, ao qual voltaremos sempre."

— **Carlos Whittaker,** autor de *Enter Wild*, palestrante e contador de histórias.

"Jesus era mestre em *ver as* pessoas. Em poucas palavras, é por isso que tantas se sentiram instantaneamente amadas por Ele. Ainda assim, em nosso mundo saturado de mídia social, onde nos relacionamos mais com fotos de perfil do que com seres humanos em pessoa, estamos rapidamente perdendo essa prática. Nessas páginas, Adam modela o método de amor comum, embora alterador do mundo, de Jesus. Precisamos disso agora mais do que nunca."

— **Sharon Hodde Miller,** autor de *Nice*.

"A Escritura nos diz que 'Deus é amor'. Jesus encarnou esse amor e então chamou seus seguidores para fazerem o mesmo. *O Amor tem um nome* nos ajuda a ver como é o amor. Este é um livro inspirador que irá encorajá-lo e desafiá-lo."

— **Adam Hamilton,** autor de *The Walk.*

"Longe de estruturas teóricas e construções filosóficas, *O Amor tem um nome* é tão realista quanto o próprio Jesus. Este livro traz algo especial para o nosso tempo, e vem de uma voz que conhece o assunto porque o viveu."

— **J. D. Walt,** semeador-chefe em Seedbed.

"Amar de verdade as pessoas é algo que parece não ter o poder de mudar o mundo — até que isso *aconteça*. Em *O Amor tem um nome*, Adam nos mostra como conseguir esse feito. Aqui está um livro cheio de histórias do dia a dia sobre amar os outros como Jesus amou: com uma nota de encorajamento, uma coleta de lixo da vizinhança e um buquê de flores por vez."

— **Mike Foster,** autor best-seller, palestrante e conselheiro executivo.

"Todo mundo precisa de um amigo como Adam. Ele é encorajador, gentil, altruísta, alegre, humilde e paciente. Enquanto você vira as páginas deste livro, ele vai se tornando seu amigo e mostrando a você como ser um amigo para os outros. Este livro irá ajudá-lo a amar outras pessoas da maneira que Jesus as ama."

— **Jon Weece,** seguidor-líder na Southland Christian Church.

"Inúmeros livros foram escritos sobre o amor, com os autores frequentemente exagerando nos slogans e nas ilustrações desatualizadas. O livro de Adam Weber, *O Amor tem um nome*, oferece uma nova abordagem para um tópico atemporal. Este livro vai inspirar e estimular você a ser mais como Jesus."

— **Hal Donaldson**, presidente do Convoy of Hope.

"Em *O Amor tem um nome*, Adam Weber compartilha lições corajosas da vida real sobre amar os outros e ser amado em troca. Este livro não é uma receita do tipo clichê de três etapas para amar melhor, mas um desafio ousado para realmente abraçar os outros e mostrar o amor de Deus. Por meio de cada história, Adam continuamente nos aponta de volta para Jesus — nosso exemplo máximo de amor verdadeiro e incondicional."

— **Jeremy DeWeerdt**, pastor sênior da City First Church.

"Adam Weber tem um profundo interesse por pessoas. Não há quase nada mais importante na vida do que aprender a amar plenamente as pessoas. Não há quase ninguém com quem aprender melhor do que com meu amigo Adam, porque ele ama muito."

— **Matt Brown**, evangelista, autor de *Truth Plus Love* e fundador da Think Eternity.

"A empatia começa quando escolhemos nos sentar à mesa de alguém que vê o mundo de maneira diferente de nós. Eu gostaria que todas as pessoas nas redes sociais lessem este livro antes de fazer outro comentário na postagem de alguém."

— **Chris Brown**, palestrante, autor, radialista e divulgador de podcasts.

"Adam Weber escreve com uma simplicidade tão bela que atinge direto o coração de maneiras que não sabíamos que precisávamos. Como passamos do terno amor da infância para a cínica insensibilidade do envelhecimento? Como regredimos? Não estamos perdidos, Adam nos lembra. O amor tem um nome: Jesus. Mudança de vida."

— **Luke Lezon**, pregador e autor de *Your Mess Matters*.

"O livro de Adam chegou na hora certa. Em uma época de tantas divisões, ele nos lembra de parar de ver multidões e começar a ver rostos. Quando vemos as pessoas não como grupos, mas como nomes, somos atraídos e descobrimos Deus bem ali conosco. As histórias da vida real de Adam, com nomes da vida real, nos convidam a retornar ao nosso maior mandamento — amar a Deus e aos outros. Que nunca nos esqueçamos de que todos os outros têm nomes."

—**Jeff Henderson**, autor de *Know What You're FOR*.

ADAM WEBER

O AMOR
A ARTE DE AMAR
TEM
COMO JESUS AMOU
UM NOME

Copyright © 2020 by Adam Weber
Título original: *Love Has a Name: Learning to Love the Different, the Difficult, and Everyone Else.*
Publicado originalmente por WaterBrook (Colorado Springs, Colorado, EUA), um selo da Random House, uma divisão da Penguin Random House LLC. Todos os direitos reservados.

1ª edição: outubro de 2021

REVISÃO
Francine Torres
Bruna Gomes Ribeiro

DIAGRAMAÇÃO
Catia Soderi

CAPA
Rafael Brum

EDITOR
Aldo Menezes

COORDENADOR DE PRODUÇÃO
Mauro Terrengui

IMPRESSÃO E ACABAMENTO
Imprensa da Fé

As opiniões, as interpretações e os conceitos emitidos nesta obra são de responsabilidade do autor e não refletem necessariamente o ponto de vista da Hagnos.

Detalhes em algumas anedotas e histórias foram alterados para proteger a identidade das pessoas envolvidas.

Todos os direitos desta edição reservados à
EDITORA HAGNOS LTDA.
Av. Jacinto Júlio, 27
04815-160 — São Paulo, SP
Tel.: (11) 5668-5668

E-mail: hagnos@hagnos.com.br
Home page: www.hagnos.com.br

Editora associada à:

Dados Internacionais de Catalogação na Publicação (CIP)
Angélica Ilacqua CRB-8/7057

Weber, Adam

O amor tem um nome: a arte de amar como Jesus amou / Adam Weber ; tradução de Wilson Almeida. – São Paulo: Hagnos, 2021.

ISBN 978-65-86109-89-4

Título original: Love Has a Name: Learning to Love the Different, the Difficult, and Everyone Else.

1. Amor - Aspectos religiosos 2. Relações humanas - Aspectos religiosos - Cristianismo I. Título II. Almeida, Wilson.

21-3686   CDD 241.4

Índices para catálogo sistemático:
1. Amor - Aspectos religiosos

Hudson, Wilson, Grayson e Anderson,

obrigado por me mostrarem quem é o amor, todos os dias.

Meu maior objetivo na vida é mostrar esse mesmo a vocês.

Eu os amo muito.

— Papai

Em homenagem ao meu querido amigo Jarrid Wilson (1988–2019).

Você é amado.

Seu legado de amor vive por meio de Juli, Finch, Denham
e de cada pessoa com quem você cruzou.

Sumário

Introdução | *Amar é difícil* 13

1 Jesus | *O amor de Jesus conhece você pelo nome* 19

PARTE 1 | ALGUMAS PESSOAS QUE TÊM ME AMADO

2 Jake | *O amor busca o impopular* 37

3 Joy | *O amor se multiplica em favor de outros* 47

4 Antonio | *O amor ama de um modo extravagante* 59

5 Tyler e Travis | *O amor permanece quando todo mundo vai embora* 71

6 Laurent | *O amor não generaliza* 83

7 Brett | *O amor cura por meio de pessoas improváveis* 93

8 Rick e Val | *O amor consola através do pior momento* 103

9 Hudson, Wilson, Grayson e Anderson | *O amor nem sempre precisa de palavras* 117

10 Becky | *O amor lava os pés* 127

PARTE 2 | ALGUMAS PESSOAS QUE ESTOU APRENDENDO A AMAR

11 **Trevon** | *O amor enxerga o outro* 139

12 **Tony** | *O amor alcança o diferente* 149

13 **Mark** | *O amor enfrenta a hipocrisia* 161

14 **Capitão** | *O amor nem sempre se parece com amor* 175

15 **Shirley** | *O amor percebe o imperceptível* 187

16 **O ladrão em fuga** | *O amor muda o roteiro da raiva para a graça* 199

17 **Bill** | *O amor é mais do que uma teoria (é complicado)* 209

18 **Russ e o cara do "pastor do caramba"** | *O amor torna o menos importante no mais importante* 223

19 **G.I.C.** | *O amor puxa uma cadeira* 235

20 **Ted, Ambrase Lekol, Jillian e Jerry** | *O amor torna cada dia uma aventura* 245

PARTE 3 | O SEU NOME

21 **Você** | *Aquele a quem Jesus ama* 263

Obrigado 285

Introdução

Amar
é difícil

Amar os outros costumava ser tão fácil!

Quando crianças, somos naturalmente rápidos em confiar.

Rápidos para perdoar.

Rápidos para amar os outros.

Estranhos quase imediatamente se tornam amigos.

É por isso que temos de dizer às crianças que não entrem em vans suspeitas[1] nem aceitem doces de pessoas que não conhecem — elas confiam

---

[1] Na faculdade, meu amigo Wipes dirigia uma van Ford Econoline 1984. Ele colocou um câmbio manual, junto com um sofá inteiro na parte de trás. Parecia a van mais irada de todos os tempos! Algumas das melhores memórias da minha vida (e algumas das piores memórias da minha mãe!) foram as viagens que Wipes e eu fizemos naquela van. Minha mãe estava convencida de que eu acabaria, de alguma forma, morto ou preso. Em uma de nossas viagens rodoviárias, Wipes e eu dirigimos quase 8.500 quilômetros em cinco dias, passando por 26 Estados. Também vimos todas as principais atrações turísticas que este maravilhoso país

em todos e os amam imediatamente. As crianças são mais inocentes, mas também mais ignorantes — e algumas vezes a ignorância é realmente uma bênção. Memórias menos duradouras trazem menos insegurança — como não gostar de ser criança?

Porém, a cada ano que passa, parece que amar as pessoas fica cada vez mais difícil. Em algum ponto, nosso coração se torna cansado, cínico e cético.

Nós nos tornamos lentos para confiar. Lentos para perdoar.

Lentos para amar os outros.

Procuramos maneiras de manter nossos vizinhos à distância. Nossos relacionamentos agora parecem vir com cartões de pontuação que usamos para mensurar o quanto a outra pessoa está nos amando. Jogos infantis de futebol e festas de aniversário são fáceis de esquecer, mas os erros de certos membros da família nunca saem da nossa cabeça.

Amigos vão, lentamente, se tornando estranhos.

Quanto mais velhos ficamos, mais difícil se torna o amor à medida que nossos relacionamentos (e nossa vida) ficam mais complicados. Para ser sincero, na maior parte dos dias eu luto para amar alguém. Nunca me esforcei tanto para amar as pessoas quanto nos últimos anos.

Mas o amor está em toda parte. Amor é algo que ouvimos, postamos nas redes sociais[2] e cantamos. É uma palavra que usamos em nossas camisas e

---

tem a oferecer: a marmota mítica em Punxsutawney, Pensilvânia; a maior loja de doces de Minnesota; o rio Chattahoochee, enquanto ouvíamos Alan Jackson — todas as suas principais paradas!

2   Existem poucas coisas que eu gostaria mais do que ouvir você. Tem uma pergunta sobre alguma coisa? Gostaria que eu fizesse uma nota explicativa sobre algo que não deixei claro? Você gosta de postar aleatoriamente fotos on-line dos livros que está lendo? Então marque-me. Mande-me um tweet. Envie uma mensagem para

até tatuamos em nosso corpo. Para muitos de nós, quando a palavra *amor* sai dos nossos lábios, ela parece fofa e bonita — assim como o sol, os contos de fadas e os unicórnios. Quem não gostaria de amar os outros quando o amor é tão grande? Se você é um ser humano decente que tem uma alma, o amor é uma bandeira que você deveria carregar.

No entanto, agora, mais do que em qualquer outro tempo (pelo menos é como eu vejo!), o amor parece ausente das nossas atitudes, das nossas palavras, das nossas ações. Dizemos que amamos os outros, mas não amamos de verdade. Em vez disso, rapidamente sacudimos os punhos para os motoristas, julgamos o estranho que parece esquisito e jogamos na lixeira on-line toda pessoa que pensa diferente de nós. Falamos mal de nossos colegas de trabalho pelas costas e sonhamos acordado sobre dar um tapa na cara de certos membros da família. Em vez de amar as pessoas, nós as magoamos, menosprezamos e negligenciamos.

O desafio é pensar no seguinte: você se lembra de quando sua professora do jardim de infância escreveu as regras da sua sala de aula no canto superior direito do quadro-negro? Consegue imaginar isso?

Regra 1: Levante a mão.

Regra 2: Respeite seus colegas de classe.

E era só isso! Muito fácil, certo? Bem, Jesus faz a mesma coisa conosco quando se trata de amor.

Regra 1: Ame a Deus.

Regra 2: Ame os outros.

---

mim. @adamaweber no Instagram. @adamweber no Twitter. Eu ficaria muito feliz em saber o que você pensa!

16 | O Amor tem um nome

Regra 3: Não há regra 3. É isso. Apenas repita as duas primeiras regras muitas vezes.[3]

Segundo Jesus, esses dois tipos de "amor" são as duas coisas mais importantes. Simples, certo? Talvez. Mas mesmo tendo Jesus em nosso coração, amar as pessoas é algo muito mais fácil de se falar do que de fazer. Se você estiver seguindo Jesus por décadas ou ainda está em cima do muro sobre Deus, amar as pessoas pode ser doloroso, desconfortável, desgastante e até mesmo cansativo algumas vezes. O amor pode machucar.

E Jesus não falou apenas sobre o amor de modo *geral,* ensinando sobre ele para uma multidão de adoradores. Em vez disso, Jesus amava as pessoas *singularmente.* Ele ficou cara a cara com as pessoas. Ele não falava apenas sobre o amor. Ele amava pessoas específicas.

Pessoas doentes. Pessoas más.

Pessoas normais. Pessoas destruídas.

Pessoas religiosas. Pessoas que julgam.

Pessoas estranhas. Pessoas negligenciadas.

---

3   Uma rápida lição de história: nessa época, o povo judeu que ouvia Jesus tinha em torno de 613 mandamentos. Havia regras específicas para tudo: o que comer e o que não comer. Normas específicas sobre como agradar e adorar a Deus. Preceitos sobre não fofocar, como cortar o cabelo, até mesmo para cultivar o solo. Você pode escolher qualquer coisa, eles tinham uma regra para isso. Infelizmente, os cristãos de hoje não são muito diferentes. Você precisa fazer isso e não pode fazer aquilo. Se você é um bom cristão, precisa ser realmente santo e fazer muitas coisas religiosas e eclesiásticas. As pessoas saberão o quanto você ama a Deus por sua teologia, frequência à igreja e o modo como você segue as regras. No entanto, Jesus nos diz que todos os mandamentos se resumem apena em dois: amar a Deus e amar sobre todas as coisas (Veja Mateus 22:37-40). Basicamente, Jesus está tornando as coisas realmente simples. Ele está perguntando: *você quer me agradar? Você quer me seguir Então me ame e ame as pessoas. Você realmente quer ser como eu? Então realmente me ame e realmente ame os outros.*

Pessoas contagiosas. Pessoas feias.

Pessoas diferentes, em todos os sentidos possíveis.

Pessoas difíceis, incrivelmente difíceis de amar.

Jesus conhecia suas histórias. Quem elas eram. O nome delas. Seu status — ou a falta dele. De toda forma, Ele as amava.

Jesus nos mostra que conhecer as histórias das pessoas é o caminho para amá-las plenamente. O caminho para o amor sempre começa com uma história. Não as *nossas* histórias, mas as *suas* histórias. Não podemos amar as pessoas se não pudermos realmente vê-las, e não podemos realmente ver e conhecer as pessoas sem conhecer as histórias delas.

Isso nos conduz à jornada a que este livro nos levará. Este não é um livro sobre "três passos para amar melhor", e sim sobre histórias de pessoas (e uma escola) que abriram meu coração para que eu pudesse amar mais plenamente.

Cada uma das pessoas apresentadas nesses 27 relatos me ensinou algo sobre como amar os outros. Eu demonstrei amor por algumas delas, mas em todos os casos recebi amor. De muitas maneiras, *elas* acabaram mostrando *para mim* o que é o amor.

Algumas dessas pessoas são amigas íntimas; outras são estranhas com quem cruzei por pouco tempo. Nenhuma delas é famosa. Nenhuma tem grandes projetos ou talentos especiais. Superficialmente, essas pessoas podem parecer bastante normais, mas não são nada disso. A verdade é que ninguém é normal. Todos nós temos nossas próprias histórias únicas.

As histórias aqui nem sempre são polidas ou bonitas. Na verdade, algumas delas não têm um final feliz — ou ainda nenhum final. No entanto, essas histórias e essas pessoas me ensinaram como amar melhor, como amar mais plenamente e como amar do modo como Jesus ama, mais do que qualquer livro ou guia pode ensinar como fazer. Minha esperança é que essas pessoas façam o mesmo por você também.

Antes de conhecê-las, porém, vamos falar sobre o que é o amor. Na verdade, vamos falar sobre *quem* é o amor.

Como você pode ver, o amor tem um nome.

1

Jesus

O amor de Jesus conhece você pelo nome

Há alguns anos, fui buscar minha filha em uma festa de aniversário. Ela estava em um daqueles lugares onde as crianças têm rédea solta para pular em piscinas cheias de espuma, se balançar em barras de macaco e dar cambalhotas. Para entrar na área do ginásio é preciso estar descalço; então entrei, achei um banco e comecei a tirar os sapatos.

Enquanto estava desamarrando os cadarços, vi um garotinho da igreja em que eu era pastor.[1] Ele sorriu de orelha a orelha, seus olhos bem

---

1 Comecei numa igreja chamada Embrace [Abraço], em Sioux Falls, Dakota do Sul, quando tinha 24 anos. No primeiro culto, em setembro de 2006, tivemos 32 pessoas presentes. Agora, a cada semana, temos algumas pessoas a mais e elas

abertos estavam cheios de emoção por me ver. O garoto começou a bater na perna da mãe para chamar a atenção dela. No começo ela não olhou, então ele continuou batendo. Quando ela finalmente olhou para cima, ele apontou para mim e disse: "Olha, mamãe! É Jesus!"[2] Hum, eu claramente terei falhado como pastor se uma criança estiver me confundindo com Jesus!

No entanto, ele acertou em uma coisa: Jesus está em todo lugar!

O nome dele. Sua imagem. Ou pelo menos uma *versão* de seu nome e sua imagem: cabelo castanho ondulado que levaria a maioria das senhoras (e eu mesmo) a ficar com ciúmes. Olhos azuis profundos. Sempre vestindo um roupão branco e sandálias como se estivesse pronto para dar um passeio na praia.

Jesus — que parece ser o lado amoroso de um Deus que às vezes fica irado. O nome dele é a palavra escolhida quando você dá uma topada no dedão do pé ou fica parado num semáforo quando já está atrasado para o trabalho. Ele é nosso "amigo".[3] Nosso amigo. A figura no porta-retratos na parede da casa da vovó. Em um quadro de arte. Em canções. Em tatuagens. Em camisetas. Em adesivos para carros. Até num pedaço de torrada.[4]

---

vêm de vários lugares diferentes. Nunca imaginei o que essa igreja se tornaria. Eu nunca quis ser pastor, mas estou muito feliz por ter seguido o plano de Deus em vez do meu. A igreja Embrace aparecerá várias vezes neste livro, então pensei em avisá-lo desde o início.

2 Candler Harris, esse é um momento que nunca esquecerei! A propósito, você tem os melhores pais de todos os tempos.

3 Siga a conta do Twitter @HoodJesusYo se ainda não estiver fazendo isso.

4 Um homem de Nova York tentou vender por 25 mil dólares no eBay uma torrada que parecia ter desenhado o rosto de Jesus! Veja Czarina Ong, "Man Trying to Sell His 'Jesus Toast' on eBay for $ 25K", Christian Today, 7 de março de 2017, www.christiantoday.com/article/man-trying-to-sell-his-jesus-toast-on-ebay-for-25k/105294.htm.

Ouvimos o nome de Jesus espalhado em conversas entre pessoas que não vão à igreja há anos. Às vezes, seu nome é mencionado no centro de uma conversa profunda, mas, na maioria das vezes, é citado sem muita reflexão.

Até a *Newsweek* e o *Discovery Channel* regularmente perguntam quem é Jesus. Mas quem Ele é, de fato? A resposta é rápida: um carpinteiro de uma cidade chamada Nazaré. O filho de Maria e José. Isso abrange tudo, certo?

Claro, quase.

Ah, e muitos de nós também acreditam que Ele é Deus. Ele nasceu de uma mãe, assim como todos nós nascemos de nossas mães, mas Ele foi concebido pelo Espírito Santo. Conhece mais alguém que foi concebido por Deus? Eu também não!

Acreditamos que Ele é Deus por bons motivos: Ele deu vista aos cegos. Fez uma pessoa morta voltar à vida. Andou sobre a água. Alimentou alguns milhares de pessoas com um pequeno cesto de comida. Ele fez e pode fazer tudo isso e muito mais.

E Ele também é perfeito, então é isso!

Contudo, mais do que a capacidade de Jesus de transformar água em vinho, ou de fazer qualquer outro milagre alucinante, a maneira como Ele *ama as* pessoas é o que realmente o torna especial. É a maneira como Jesus ama que faz dele tão diferente — pelo menos, tão diferente de mim.

Grelhado de Jesus. Eu agora olho atentamente para minha torradeira todos os dias para descobrir imagens.

Ele sabe o nosso nome

Há algo especial no nome de uma pessoa. Quando alguém sabe e se lembra do seu nome, isso comunica o valor. Isso ajuda você a se sentir notado. Importante. Visto. Quando alguém usa o seu nome, isso lhe confere valor. Cada um de nós tem um desejo interior de ser reconhecido. De ser amado. Lembrar-se de um nome é o primeiro passo para conhecer alguém — *amar* alguém.

Eu? Sou péssimo em lembrar nomes.[5] Raramente esqueço um rosto, mas às vezes tenho dificuldade até mesmo em lembrar o nome dos meus próprios filhos. Eu uso o clássico "Ei, cara, como vai?", em muitas vezes quando não consigo lembrar o nome de uma pessoa.[6] Não seria muito mais fácil se todos usassem um crachá o tempo todo?[7]

Jesus sabia o nome das pessoas antes mesmo de conhecê-las. Não apenas os nomes que todo mundo conhecia. Não apenas os nomes das figuras públicas encontradas no Instagram,[8] da elite religiosa, dos abastados. Em vez disso, Jesus usou o nome de *todos*, incluindo aqueles que a sociedade dizia não ter valor — prostitutas, ladrões, leprosos.

---

5   Uma noite, quando minha esposa Bec e eu começamos a namorar, tivemos uma pequena discussão (também conhecida como briga) porque eu nunca a havia apresentado a ninguém. Ela pensava que eu não me importava com ela ou que não queria apresentá-la aos meus colegas e amigos. Eu disse a ela que era completamente o oposto. Queria apresentá-la, mas não sabia o nome de ninguém! Nota extra para você: por favor, nunca me pergunte se eu sei o seu nome!

6   Dica: o Facebook é o maior parceiro de todos os tempos!

7   Eu adoraria isso, honestamente. Minha esposa, por sua vez, evita esses crachás que expõe o nome dos outros como se fossem uma praga.

8   Para ser claro, Ele conhece os nomes das pessoas verificadas no Instagram e também as ama muito. Frequentemente esquecemos que essas pessoas também são, muitas vezes, pessoas quebradas e solitárias. Não trate alguém mal só porque é bem conhecido ou "famoso".

Uma das minhas histórias favoritas é sobre o dia em que Jesus passou pela cidade de Jericó.[9] Havia um homem lá que ganhava a vida recolhendo impostos. Basicamente, ele sobrecarregava as pessoas e roubava dinheiro do seu próprio povo. Para colocar as coisas de forma correta: o homem não era nada querido. E ele não era apenas um coletor de impostos, mas o relato nos diz que ele era *chefe dos* coletores de impostos. Não apenas um idiota, o idiota-*chefe*!

Então, ele não era querido, mas tinha dinheiro. De alguma forma, esse homem sabia que Jesus estava vindo para a cidade e ficou curioso para vê-lo. Talvez fosse a grande multidão que o teria intrigado. Pode ser que ele tenha ouvido falar dos ensinos profundos e das parábolas de Jesus. Talvez ele soubesse a respeito de seus milagres ou tivesse ouvido falar do cego que acabara de ser curado fora da cidade naquele dia.

Não importava o motivo, aquele homem queria ver Jesus. Mas havia um problema: ele era baixinho. *Muito* pequeno. Ele era um "homenzinho" Ele não conseguia olhar por cima da multidão para ver Jesus entrando na cidade, mas teve uma ideia. Somos informados de que "ele correu na frente e subiu em uma árvore de sicômoro" para ver o Mestre. Problema resolvido!

Cada vez que ouço essa história, fico pensando: o que dentro desse homem o levou para o topo daquela árvore? Estaria faltando alguma coisa em sua vida? Ele havia ganhado seu dinheiro; não era o suficiente?

---

9 Esta história está relatada no livro de Lucas, na Bíblia. Veja Lucas 19:1-10, que eu parafraseei. Ao longo de cada capítulo deste livro, farei referências a histórias encontradas na Bíblia. Se você nunca pegou uma bíblia antes, eu o encorajo a fazer isso. Farei o meu melhor para explicar as coisas de uma forma que todos possam entender

Quando Jesus alcançou o poleiro escolhido pelo publicano, Ele olhou para o estranho entre as folhas e disse: "Zaqueu, desça imediatamente. Devo ficar na sua casa hoje".

Jesus sabe o nome dele!

Zaqueu.

O quê? Ele sabe? Por quê?

Minha parte favorita é quando nos dizem que "Zaqueu desceu rapidamente e levou Jesus para sua casa com grande entusiasmo e alegria".

Suponho que houve ocasiões em que Zaqueu não queria que seu nome fosse mencionado — provavelmente pelas pessoas cujo dinheiro ele havia tirado —, mas ele estava exultante por Jesus saber seu nome.

A multidão, por outro lado, estava espantada. As pessoas resmungaram e reclamaram que Jesus não apenas sabia o nome de Zaqueu, mas estava indo para a casa dele, a casa de um notório pecador, para comer. *Ele vai para a casa do idiota que está roubando o dinheiro de todo mundo? A casa do baixinho? Como Ele pode fazer isso?*

Se Jesus sabe o nome de um sujeito como Zaqueu, acho que Ele também sabe o nome das pessoas que tem alguma ligação conosco.

Nosso ex.

Nossos amigos que nos machucaram.

Nossos exigentes colegas de trabalho.

Nossos sogros difíceis de amar.

Nossos cônjuges frustrantes.

Os espalhadores de *spam* tentando nos vender sabe-lá-o-quê.

As estranhas pessoas religiosas que batem à nossa porta.

O sabe-tudo no Twitter.

Jesus sabe o nome de todos eles. Nós sabemos? E ainda queremos saber? Quando colocamos nomes com rostos, eles não são mais apenas rostos na multidão — eles se transformam em seres humanos. E não importa o quanto não queiramos admitir, eles têm valor. Sim, eles têm seu valor. Devemos nos lembrar de que Deus os criou, de que Deus os ama e, por isso, devemos amá-los também.

Um nome dá valor a alguém. É difícil acreditar que algumas pessoas tenham valor, não é? Mas aqui está uma declaração que pode fazer uma mudança de vida para nós: *a vida deles tem o mesmo valor que a nossa.* Às vezes é difícil acreditar, mas é verdade. O mundo pode dizer o contrário e as multidões podem gritar algo diferente, mas Jesus não o faz. Ele sabe o nome de cada um e muitas vezes passa por multidões de pessoas para comer na casa da pessoa que mais temos dificuldade para amar. Ele passa por pessoas conhecidas para chegar até a pessoa que parece não ter valor.

Você está começando a entender por que as multidões estavam reclamando naquele dia em Jericó quando Jesus foi visitar Zaqueu? Eu não teria apenas resmungado; eu teria ficado com raiva! Teria gritado de raiva por causa daquele que Jesus escolheu no meio da multidão.

Mas e Jesus? Ele sabia o nome de Zaqueu. Ele também sabe o nosso nome. *O meu* nome.

E o seu.

Ele conhece nossas histórias

Jesus não só sabe o seu nome, o meu nome e o nome de todos os outros seres humanos do planeta — o que o tornaria um grande candidato a presidente do universo! —, Mas Ele vai um passo além e conhece nossas *histórias* também.

Jesus sabe onde estivemos e por onde temos caminhado.

Sabe das nossas dificuldades.

Das nossas perdas.

Dos nossos arrependimentos.

Do nosso passado bom e mau.

Dos nossos pais.

Dos nossos sucessos.

Dos nossos fracassos.

Ele sabe das coisas que nunca contamos a ninguém.

E sabe das coisas que tentamos esquecer.

Ele sabe tudo.

Ele conhece nossas histórias completamente — como e por que somos as pessoas que somos. Ele conhece nossas histórias ainda melhor do que nós mesmos. Vemos Jesus, em várias ocasiões, encontrando alguém pela primeira vez, e antes mesmo que essa pessoa dissesse uma palavra, Ele deixa claro que sabe o nome e a história dela.

Um desses momentos é quando um indivíduo chamado se aproximou de Jesus.[10] Natanael tinha ouvido falar que Jesus é Deus, mas tem dúvidas de que isso seja verdade. *"Jesus, o carpinteiro? Ele é Deus? Claro, e meu nome é LeBron!"*, ele poderia pensar.[11]

Natanael, porém, estava curioso o suficiente para ouvir seu amigo Filipe, que havia acabado de encontrar Jesus pela primeira vez. Ele seguiu Filipe até Jesus, mas antes mesmo de encontrá-lo, Jesus exclamou: "Agora, aqui está um filho genuíno de Israel — um homem de totalmente íntegro!".

Lutando para encontrar as palavras certas, Natanael respondeu: "Como o Senhor sabe sobre mim?" Imediatamente suas defesas caíram. Jesus o conhece. Em um nível que Natanael não conseguia compreender inteiramente. Jesus conhece sua história.

Vez após vez, isso aconteceu: uma pessoa descobre que Jesus conhece sua história e seu coração se abre. Ela imediatamente se sente amada e atraída por Jesus. É claro que Jesus não está fazendo um julgamento precipitado. Ele não está rotulando-o como outros fizeram: "pecador", "cobrador de impostos", "adúltero". Jesus vê alguém por quem ele realmente é: uma pessoa feita à sua imagem.

E se um dos melhores passos para amar as pessoas rudes em nossa vida começar com o conhecimento de suas histórias? Procurar conhecê-las — seus nomes e suas mágoas passadas, seus sonhos e paixões — para que possamos começar a amá-las? Pelo menos para mim, isso

---

10 Esta história sobre Natanael e Jesus está em João 1:43-50, que parafraseei. Mais uma vez, eu o encorajaria a reservar um momento, abrir sua Bíblia e ler a história toda. Se isso é algo novo para você, saiba que estou orando por você, para que cada história ganhe vida. Que faça sentido. Que possa encontrá-lo exatamente onde você está.

11 Lutei com o nome que devia escolher aqui. LeBron James, Beyoncé, Boomer Esiason.

ajuda. O colega de trabalho arrogante e barulhento é muito mais fácil de amar quando você descobre que ele não teve um pai enquanto crescia. A pessoa que é conhecida por ser dorminhoca é muito mais difícil de ser julgada quando você descobre que ela foi abusada em um relacionamento anterior. É mais fácil ter paciência com o vizinho rabugento quando você descobre que ele está lutando contra o vício do álcool no dia a dia.[12]

Mesmo as pessoas mais difíceis de amar, quando você começa a conhecer suas histórias, não consegue evitar, mas a compaixão, a bondade e o amor começam a brotar dentro de você. Em vez de reagir, você dá a elas o benefício da dúvida. Em vez de fazer fofoca, você ora por elas. Em vez de evitá-las, você as convida a entrar. Mesmo quando é realmente difícil enxergar, você começa a notar pedaços do bem e da imagem de Deus dentro dessas pessoas.

E quando você faz isso, mesmo a pessoa de coração mais duro começa a abrir sua alma e deixar suas defesas caírem. Também nos descobrimos mudando, à medida que amar os outros nos leva a uma vida melhor. O amor é algo que todos nós desejamos.

Graça e verdade

Jesus conhece nosso nome e nossa história, e ainda nos oferece graça e verdade.

---

12 Tento ver as pessoas mal-humoradas como um desafio. Vou tentar amá-las tão plenamente, genuinamente e quase irritantemente que até o coração mais duro começará a amolecer. Esse desafio não saiu pela culatra para mim ainda.

A vida e os relacionamentos são complicados, e assim é o amor. Frequentemente, quando falamos sobre amor, pensamos em um filme sentimental ou na última música da Taylor Swift. Só que o amor é tudo, menos leve e macio.

O verdadeiro amor não é fácil, pelo contrário. Às vezes, ele envolve graça. Envolve perdoar alguém. Ver o melhor nas pessoas que não têm muito de bom dentro de si. E outras vezes, envolve falar a verdade.

"Eu amo você o suficiente para dizer algo que você não quer ouvir."

"Não, isso não está bem."

"Eu amo você, mas precisamos de alguns limites."

"Eu amo você o suficiente para dizer que você precisa de ajuda, e eu estou disposto a caminhar ao seu lado."

Assim como uma moeda, o amor tem dois lados — graça e verdade. Quando você a joga, ela pode cair em cara ou coroa, mas você precisa de ambos os lados para virá-la.

No entanto, a maioria das nossas moedas são pesadas. Para alguns de nós, as moedas sempre caem na graça; para outros, sempre caem na verdade. Quando nos inclinamos para a graça, todos sabem que podem nos induzir. Nós nos tornamos as pessoas que todos procuram quando querem se sentir melhor consigo mesmos. Há certas coisas que devemos dizer e precisamos dizer, mas nunca o fazemos.

O restante de nós fala a verdade. Nós falamos o que pensamos com muita frequência. Vivemos de acordo com a lei e consideramos nosso dever chamar as pessoas para dentro quando elas parecem se distanciar do lugar em que deveriam estar. Parecemos aqueles monitores de escola que ficam à espreita nos corredores para ver se há alunos que querem matar aula, e ficamos monitorando a vida alheia.

Felizmente, Jesus é graça *e* verdade! E porque é ambos, Ele não tem uma tarefa simples e nem é como um monitor de corredor. Ele é alguém tão diferente e sobrenatural que somos atraídos por Ele.

João, um homem que conhecia Jesus pessoalmente, disse certa vez que Ele era "cheio de graça e verdade".[13] Com isso, João quis dizer que Jesus tem graça e verdade completas. Não cinquenta por cento, mas cem por cento de graça e cem por cento de verdade. Jesus é ambas as coisas!

Todos queriam estar o mais perto que pudessem de Jesus. Atraídos por sua graça cheia de amor, eles sabiam que seriam aceitos, e não condenados. Atraídos por sua amorosa verdade, queriam conhecer seus caminhos e o caminho que os conduzia à vida, mesmo que fosse contraditório ao modo como viviam.

Veja isso: quando nossas palavras, ações e vida têm graça e verdade, as pessoas serão irresistivelmente atraídas pelo amor de Deus que flui e se derrama em nossa vida. As pessoas não serão atraídas para nós, mas para Jesus em nós.

Uma última coisa

Há uma última coisa a saber antes de pularmos para o restante do livro, e é importante: Jesus não ama *apenas as* pessoas.

Você e eu *tentamos* amar as pessoas. Jesus faz mais do que isso.

João se agarrou, andou e viveu com Jesus, e ele também disse algo chocante. Bem, pode ser que não seja chocante para você, especialmente se você cresceu na igreja, mas durante o tempo em que Jesus viveu, teria sido uma conversa desconcertante. Na época de Jesus, Deus era alguém

---

13 João 1:14.

que você deveria temer. Sua santidade era enfatizada. Ele tinha todos os tipos de mandamentos e leis de que você precisava para garantir que os seguiria. Como era impossível guardar todas as leis, a cada ano você tinha que trazer um animal ao templo para que ele pudesse ser morto, e então você seria perdoado por todas as formas de pecado que você havia cometido no ano anterior.[14]

Novamente, nos dias de Jesus, você saberia claramente que Deus é justo, santo e nada parecido com você. Mas João disse algo incrível. Espere por isso...

"Deus é amor."[15]

Sim, Deus é amor. Sim, Ele é santo, mas também é amor.

Não esqueça: Ele não apenas ama. O amor não é apenas algo que Ele faz. É *quem* Ele é!

O que isso significa? Como isso acontece? Felizmente, João responde e nos diz mais: "Estou tão feliz que você perguntou. É assim que sabemos o que é o amor verdadeiro — Jesus deu sua vida por nós".[16]

Você não entende como é o amor? Não entende realmente o amor de Deus e como amar os outros? Felizmente, o amor tem um nome!

• • •

O amor tem um nome: *Jesus*.

---

14 Graças a Deus não temos que matar ovelhas na igreja hoje. Eu gosto muito de ovelhas. Eu só gostaria de conseguir algumas ovelhas suecas *Gotland* para o meu quintal.

15 1João 4:8.

16 1João 4:10, parafraseado.

Jesus! Ele é o amor.

E Jesus diz que amar a Deus é a coisa mais importante.

Preste atenção nisto: as pessoas conhecerão nosso amor a Deus pela maneira como *nós amamos os outros.*

Não é por nossa frequência à igreja. Não é pela quantidade de versículos da Bíblia que memorizamos. Não é por todas as boas coisas religiosas que fazemos. Nem mesmo é pela nossa teologia.

Todas essas coisas são importantes e boas. Mas, de acordo com João,

> Se alguém disser: Eu amo a Deus e odeia um irmão ou irmã, é mentiroso, porque quem não ama um irmão que pode ser visto não pode amar a Deus, que não pode ser visto. Dele recebemos este mandamento: aqueles que afirmam amar a Deus devem amar também a seu irmão e sua irmã.[17]

As pessoas conhecerão nosso amor a Deus pela *maneira como as amamos,* amamos aos outros e a nós mesmos. É isso. Claro e simples.[18] Mas não é tão simples assim. Amar as pessoas parece fácil até chegarmos à parte sobre "amar as pessoas".

• • •

Agora, até aqui estamos apenas arranhando a superfície, mas felizmente Jesus estará conosco ao longo deste livro. Em cada capítulo, aprenderemos um pouco sobre como amar os outros da maneira como

---

17 1João 4:20-21, parafraseado.

18 Se o nosso amor a Deus não resulta em nosso amor aos outros, não estamos amando a Deus. Isso é difícil para alguns de nós entender.

Ele amou pessoas específicas — conhecendo o nome delas, suas histórias e, então, conhecendo-as com sua graça e verdade. (Ah, e não se esqueça de ler todas as notas de rodapé!)[19]

Este livro é sobre olhar para Jesus (não para mim) e aprender a amar com base na maneira como Ele ama os outros. Estou claramente com meu trabalho em andamento nessa área, então vamos aprender juntos.

Mal posso esperar para apresentá-lo a algumas pessoas que me ajudaram a aprender o nome do amor.

---

19 As notas de rodapé são minha parte favorita do livro.

PARTE 1

Algumas pessoas que têm me amado

Deus não ama uma pessoa ideal, mas sim
os seres humanos tais como nós somos.
— **Dietrich Bonhoeffer**

PARTE 1

Algumas pessoas
que temos de amado

2

Jake

O amor busca o impopular

Desde o primeiro dia que conheci Jake na minha sala de aula do jardim de infância, eu sabia que ele era legal.

Ao contrário de qualquer um dos outros garotos de seis anos de dedos pegajosos da minha classe, Jake tinha trilhos de ferrovia agudamente afiados nas laterais de seu cabelo.

Ele era moderno. Mais tarde, seria o primeiro da minha turma do quinto ano a usar jeans Girbaud.[1]

---

1 Olhando para trás, os jeans Girbaud eram realmente muito feios. Por que você colocaria uma etiqueta perto do zíper e destacaria essa área?

Sempre nos divertíamos muito juntos. Jake tinha a casa da árvore *mais legal* em seu quintal. Entre isso e um doce arsenal de armas de brinquedo, nossas batalhas imaginárias eram épicas. Quando nos cansávamos disso, seu equipamento de futebol era o próximo a chegar — completo com protetores, camisetas e capacetes de verdade. Ele se transformaria em Joe Montana e eu seria Ickey Woods.[2]

Jake era um dos garotos mais populares da minha série. Todo mundo queria ser seu amigo. Mais do que popular, porém, Jake era meu amigo — um grande amigo cujo nome dei o nome a um frango.[3] De alguma forma, nossas mães também se tornaram amigas, então nós nos víamos o tempo todo. Na escola e fora dela, estávamos sempre juntos.[4] Eu tinha outros amigos, mas Jake era meu *melhor* amigo.

Saíamos com um grupo de amigos, mas a cada ano que passava, as outras crianças se esforçavam mais para se encaixar, e eu também. Conforme Jake e os outros ficavam mais legais, eu, de alguma forma, ficava mais nerd.

---

2 Não conhece Ickey Woods? Pesquise "The Ickey Shuffle" no Google. Você ficará melhor informado.

3 Jake (o frango) era um frango tão bom! Um leghorn branco. Ele descia a calçada comigo para pegar a correspondência, pelo menos até ser morto por uma doninha certa noite. Esse foi o fim do frango Jake. Eu já mencionei que também cresci tendo uma cabra, um burro, um porco com uma perna ruim, muitos gansos e pavões? Não, nós não vivíamos no zoológico. Um dia, os pavões saíram sem querer do curral e, por dois anos consecutivos, dormiram no telhado da nossa casa e cantaram todas as manhãs. Já ouviu um pavão gritar? É o grito de ave mais alto e irritante de todos os tempos!

4 Deb Schlueter, obrigado por ser tão boa com a minha mãe ao longo dos anos. Agradeço a Deus por você e Gene.

Só para que você possa imaginar como eu era, fui a primeira criança da minha classe a usar óculos.[5] Eu não era o melhor nos esportes. Para piorar, eu tinha cabelos cacheados estranhos e muitas espinhas no rosto. (Oh, como eu sonho com aquele cabelo encaracolado agora!)[6]

Tudo isso para dizer o seguinte: eu era o oposto de alguém popular, o que me tornava um alvo fácil. Logicamente, fui carimbado. Mas quem sempre esteve comigo? Jake. Ele não se importava se eu fosse escolhido por último no jogo de futebol no recreio. Ele não parecia avaliar se era ou não legal estar perto de mim. Todo ano eu era convidado para suas festas de aniversário incríveis, porém mais do que isso, eu era sua primeira escolha quando ele convidava um amigo para ir à sua casa. Outras amizades vieram e se foram, mas Jake estava sempre lá, animado para sair comigo. Conversaríamos sobre quem sabe o quê. Quando eu estava animado, mal podia esperar para dizer a ele o motivo. Quando me sentia um tolo, sabia que ele me ouviria. Eu poderia dizer qualquer coisa para ele.

Jake era um amigo consistente, todos os dias. Não importava onde estávamos. Não importava com quem estávamos. O amor é consistente assim.

---

5 Meus óculos eram marrons e de armação grossa. Olhando para o passado, vendo algumas das minhas fotos do ensino fundamental com aqueles óculos e algumas das roupas que eu usava, eu fico perguntando se meus pais realmente me amavam. Um dia, na segunda série, meus óculos quebraram porque um garoto maior caiu em cima de mim. Meu pai me pegou na escola para ir ao oftalmologista, a fim de comprar um novo par de óculos. O único par que eles conseguiram para mim naquele dia foram aqueles com Mickey Mouse em ambos os lados das molduras. Fiquei horrorizado e meu pai percebeu claramente. Felizmente, ele tinha um plano. Antes de me levar de volta para a escola, paramos em nossa casa e ele passou um amolador de metal em meus óculos, cortando o Mickey. Quando voltei para a escola, meus óculos pareciam ter passado por um moedor de metal (porque de fato passaram), mas pelo menos eu tinha o meu orgulho de volta.

6 Se você não sabe, o autor deste livro é muito careca! E já faz algum tempo. Por que, Deus?

A memória da presença contínua de Jake tem permanecido comigo ao longo dos anos. Ele me fez sentir que eu era importante. Para qualquer criança do Ensino Fundamental tentando se encontrar, há muitas coisas que são incertas. A amizade de Jake foi algo que eu nunca precisei questionar.

Uma lembrança específica com Jake e da qual nunca me esquecerei aconteceu durante uma excursão numa viagem de ônibus.[7] Uma das meninas da minha classe vivia me chamando de "quatro olhos". Sempre fiz o possível para evitar ser o centro das atenções, mas sempre que alguém me chamava assim, o humor era minha melhor defesa.

Naquele dia, tentei ser engraçado e rir dos comentários de "quatro olhos", embora as palavras doessem. Quer dizer, eu também não gostava muito dos meus óculos! Eu secretamente os odiava. Dessa vez, porém, o humor não funcionou para tirar a garota do meu pé, e ela continuou a zombar de mim.

Jake viu o que estava acontecendo e trocou de lugar para que pudesse se sentar ao meu lado. Com seu jeito gentil e amigável, ele simplesmente disse à garota: "Bem, isso não é muito legal". Ele não atacou ou a fez se sentir envergonhada, mas deixou claro que queria que ela me deixasse em paz. E ela assim o fez.

Recostei-me na poltrona, aliviado. Respirei fundo. Significava muito para mim que Jake não apenas estivesse sentasse ao meu lado, mas que também que me defendesse.

Depois da sexta série, minha família mudou-se para uma nova cidade a uns 130 quilômetros de distância.[8] Jake e eu mantivemos contato e

---

7 Meu motorista de ônibus escolar favorito tinha o apelido de "Bruce, o Alce".

8 No meu último dia da sexta série, caminhei da Milbank Middle School até a casa da minha avó Dahle. Uma vez lá, entrei no carro com minha família e fomos para Clark. Eu claramente fui a última coisa a ser embalada e despachada.

permanecemos amigos, encontrando-nos com as famílias um do outro de vez em quando, mas era diferente com 130 quilômetros entre nós.

Na faculdade, por uma reviravolta do destino, acabamos na mesma escola, no mesmo dormitório e no mesmo andar durante nosso primeiro ano.[9] Naquela época, Jake e eu estávamos indo em direções diferentes na vida — nem melhor nem pior, apenas diferentes. Mas o que não mudou? Como sou eternamente grato pela amizade de Jake no Ensino Fundamental! Naquele ano (e muitas vezes desde então), eu consegui puxar Jake de lado e agradecê-lo.[10] Sinceramente, é meio estranho dizer obrigado tantos anos depois. Mesmo assim, descobri que nunca é tarde para agradecer às pessoas pelo que fizeram por nós.[11]

Começando no jardim de infância, Jake me ensinou que o amor está ao lado de alguém quando ninguém mais o fará. Significa estar presente mesmo quando isso não o torna popular, ficar perto quando os outros ridicularizam você. Jake me ensinou sobre lealdade. Sobre amor. Sobre como fazer alguém se sentir importante. Sobre amar outra pessoa, mesmo que signifique que você fará isso sozinho. Sobre como sentar-se ao lado da pessoa que tem quatro olhos e defendê-la.

É fácil ficar ao lado de alguém quando você não tem nada a perder. Qualquer um pode fazer isso.

---

9 Bergsaker Hall, segundo andar, no Augustana College. Agora é chamada de Augustana University e é basicamente a Harvard de Dakota do Sul.

10 Curiosidade: para a minha primeira sessão de autógrafos na Barnes & Noble, Jake apareceu. Não me encontrava com ele havia muitos anos. Eu não podia acreditar, mas ao mesmo tempo, não me surpreendeu. Esse é o Jake!

11 Olhando para a sua vida, há pessoas a quem você precisa agradecer? Alguém que fez você se sentir amado quando realmente precisava? Um vizinho que lhe mostrou bondade? Uma professora que o encorajou a sonhar grande? Eu ficaria muito grato se você ligasse para eles, tomasse um café com eles ou escrevesse uma carta para agradecer!

Mas, e quando não for alguém popular? É só você. E essa pessoa. Agradeço a Deus por Jake "the Snake" Schlueter.

• • •

Já mencionei os cobradores de impostos (lembra-se de Zaqueu?), mas Jesus falava sobre eles com frequência; e anualmente, no dia 15 de abril tenho que lidar com eles também,[12] então eu acho que não há problema que eu fale sobre eles uma ou duas vezes. Não creio que alguém goste de pagar impostos e, nos dias de Jesus, os cobradores de impostos eram conhecidos por explorar seu povo. Eles eram muito ricos porque haviam roubado de todo mundo. Para simplificar, os cobradores de impostos não faziam parte do grupo mais popular.

Portanto, esses cobradores de impostos eram tratados como párias, rotulados como pecadores ultrajantes. Frequentemente, eles aparecem como um grupo de pessoas anônimas com as quais Jesus interagiu — sentado com elas, comendo, ouvindo e conversando. De vez em quando, somos informados de um de seus nomes. Um coletor de impostos específico que encontramos por meio de Jesus é um indivíduo chamado Levi.

Certo dia, Levi estava sentado em seu lugar de costume, a sua barraca para cobradores de impostos, perto de uma estrada principal, quando Jesus se aproximou dele.[13] "Siga-me", Ele disse. (O convite de Jesus também pode ser traduzido como "junte-se a mim" ou "acompanhe-me".)

Se você cresceu ouvindo essa história um monte de vezes, então esse convite de Jesus pode parecer óbvio. "*Claro, Jesus nos convida a*

---

12 Seria estranho que eu realmente estivesse ansioso para me encontrar com meu fiscal todos os anos? Pat Azzara, tenho certeza que verei você em breve.

13 Essa história sobre Levi e Jesus é de Marcos 2:13-17, que parafraseei.

segui-lo! É isso que Jesus faz." Mas se você nunca ouviu essa história antes — ou melhor ainda, caso já tenha se sentido um estranho, um pária, um pouco esquisito ou desagradável —, então um convite de qualquer tipo é muito importante! Existem poucas coisas melhores do que ser convidado. E poucas coisas são mais gostosas do que outra pessoa, especialmente um indivíduo popular como Jesus, convidar você para se juntar a Ele.

Jesus *convidou* Levi! Jesus o buscou. E o que Levi fez? Sentiu-se sentiu tão amado por Jesus que lhe pediu que fosse até sua casa. Ele ia dar uma festa. E Jesus disse: "Sim. Estou dentro". Jesus não tinha medo de ser visto com Levi, e também não tinha medo de ser visto na casa de Levi, na festa de Levi.

Onde estão as crianças populares? Onde estão as pessoas que seguiram todas as regras e viveram a vida de forma aparentemente perfeita? Não temos muita certeza. Elas estão longe de serem vistas. Talvez estivessem em sua própria festa exclusiva para a multidão, mas Jesus decidiu que aquele não era um lugar para Ele. Jesus prefere andar com os estranhos, os impopulares. Prefere ser amigo dos pecadores do que das pessoas que pensam que já sabem tudo. Ele escolheu Levi. E Ele escolhe você e a mim.

Mas antes de começarmos a acreditar que todos aplaudiram Jesus por ser amigo de Levi, veja só: em razão de sua amizade com Levi, o próprio Jesus foi ridicularizado e intimidado.

"Por que Ele come com essa escória?", as pessoas perguntaram. Mas Jesus não foi embora. Ele não se escondeu. Em vez disso, ficou ao lado de Levi quando ninguém mais o faria. Ele era um amigo quando ninguém mais estava lá. Em vez de buscar a popularidade, Jesus procura o impopular.

44 | O Amor tem um nome

• • •

Nos momentos mais difíceis da vida, muitas vezes descobrimos quem são os nossos verdadeiros amigos. Você descobrirá quem é simplesmente um fã seu e quem é seu amigo. Os fãs vêm e vão. Os fãs são inconstantes. Os fãs vão embora quando não é mais conveniente para eles. Os amigos, porém, permanecem. E, na maior parte do tempo, eles são as pessoas que menos esperamos que fiquem.

No início, para mim, esse amigo era Jake. Ele estava lá quando ninguém mais estava, e me mostrou desde muito jovem como era ser um verdadeiro amigo. Tenho que agradecer a ele por me ajudar a terminar o Ensino Fundamental. Aqueles primeiros anos de escola (para não mencionar, o restante da minha vida) teriam parecido muito diferentes se não fosse por ele e seu incrível corte de cabelo de trilhos de trem.

Para Levi, esse amigo era Jesus. O Mestre o convidou para fazer parte do que Ele estava fazendo e, por sua vez, Levi convidou Jesus para ir à sua casa e, finalmente, para a sua vida.

Jesus não desprezava Levi quando todo mundo o abandonava, assim como Jake não zombava de mim, do meu cabelo encaracolado e dos meus óculos marrons. No entanto, amar quando alguém que é impopular é mais do que simplesmente não ser mau. Jesus nos desafia a fazer mais. Não basta apenas não fazer parte do problema. Jesus nos pede que caminhemos mais longe. Ele nos pede que convidemos pessoas — para nosso grupo de amigos, para nossa casa, para nossa vida.

Quem é que você precisa convidar?

Um de seus colegas de trabalho?

Um vizinho?

Um membro da família?

A pessoa estranha da sua classe?

Alguém que realmente não tem mais ninguém?

Infelizmente, quando se trata de convidar pessoas para a nossa vida, nós, como adultos, muitas vezes somos piores do que os alunos do ensino médio na hora do recreio. Temos nossas panelinhas e grupos, nossas noções preconcebidas. Como a criança que tem medo de que ao andar com um nerd se torne também um nerd, nós não estendemos a mão porque temos medo do que isso pode dizer sobre nós, temos medo do que podemos perder.

Pense naquela pessoa que estragou tudo em sua vida. Talvez ela tenha perdido o emprego. Teve um caso. Foi para a reabilitação. Antes o indivíduo era parte de um grupo popular, e agora caiu em desgraça e se tornou um forasteiro.

Convide essa pessoa para voltar! Jesus ficou com as pessoas; Ele as convidou a entrar. Quando os outros se distanciam, Jesus se aproxima. Ele fica mais perto da pessoa que está sofrendo. Mais perto da pessoa que estragou tudo. Mais perto do proscrito.

Você é rápido para correr e se esconder quando não é comum permanecer? É rápido para esperar que outra pessoa aja em seu favor para que a sua reputação não esteja em jogo? Ou você está se mantendo firme com alguém, não importa o que os outros digam? Você está convidando as pessoas, não as excluindo? Infelizmente, os cristãos costumam ser os piores nisso. Não todos, mas alguns.

Imagine como seria se realmente vivêssemos essa situação. E se os cristãos fossem conhecidos como pessoas que se aproximam? E se a igreja fosse conhecida por se importar com as pessoas em vez de se afastar delas?

Pessoas feridas não seriam deixadas sozinhas. As pessoas que cometeram erros saberiam que não foram carimbadas por eles. Em seus momentos mais tristes, elas seriam cercadas de amor. Em nossos dias mais sombrios, outros (incluindo nós mesmos) experimentariam o amor de Jesus como nunca antes.

Quer amar como Jesus ama? Busque o impopular em vez de buscar a popularidade. Procure as crianças — ou os adultos — impopulares.

Associe-se ao colega de classe do trabalho que os outros mantêm distantes. Quando alguém errar, seja a pessoa que se aproxima dele enquanto todos se afastam.

É incrível a quantidade de poder que existe em um convite. Jesus era o melhor em fazer as pessoas terem a sensação de pertencimento. Em fazer a pessoa que era diferente sentir-se conhecida. Em incluir a pessoa que se sentia excluída.

Só para avisar você, o que aconteceu com Jesus quando Ele saiu com Levi provavelmente acontecerá conosco também. Quando começamos a buscar o impopular, os outros se distanciarão de nós. As pessoas vão nos julgar e criticar. Alguns se afastarão de nós.

Mas quem realmente se importa? Quero dizer, *de verdade*. Seja como Jesus, não importa o que aconteça! Pense em Jesus indo para a casa de Levi. Pense em Jake saindo com o garoto impopular — no caso, eu. Pense naqueles que estiveram ao seu lado quando ninguém mais o fez.

E escolha amar assim.

3

Joy

O amor se multiplica
em favor de outros

Quando eu estava crescendo, meu pai era eletricista. Poucos anos depois de se graduar no Ensino Médio, ele começou a trabalhar na área de eletricidade, um negócio que cresceu rapidamente.[1] Em nossa pequena cidade, sua atividade se tornou um grande sucesso. Meu pai trabalhou durante anos para atingir o patamar financeiro que alcançou, com uma bela casa em uma área cultivada na periferia da cidade, veículos da família comprados em dinheiro vivo e uma fazenda de passatempo com todos os animais domésticos sob o mesmo sol. Se meu pai sonhou com

---

1   Meu pai treinado como eletricista por uma mulher chamada Goldie.

uma ideia, nós fomos capazes de torná-la real. A vida, de fato, não poderia ter sido muito melhor.

Pelo menos até o acidente de carro. Certa noite, meus pais saíram para comprar pizza e alguém parou na frente deles. Papai ficou completamente bem, exceto pelo joelho direito. No acidente, sua perna bateu no painel do carro e seu joelho pagou o preço. Depois de uma cirurgia de reconstrução total do joelho, meu pai perdeu a capacidade de se ajoelhar, engatinhar e subir escadas, tornando quase impossível continuar como eletricista.

Meu pai acabou vendendo seu comércio de eletricidade e comprou uma loja de ferragens, mudando nossa família para um local a uma hora de distância de Clark, Dakota do Sul, a cidade onde eu passaria a morar até ir para a faculdade.[2] Comprar a loja foi uma boa decisão na época. No entanto, todos os anos depois que meus pais compraram a loja, a área inundava, prejudicando financeiramente os proprietários locais e, por sua vez, a loja de ferragens dos meus pais. A cada ano que passava, eles se afundavam ainda mais em dívidas.

Logo ficou claro que meus pais não conseguiriam pagar o empréstimo que haviam feito no banco para financiar a loja. Assim como era impossível meu pai tentar subir uma escada com o joelho quebrado, o mesmo era para sair da situação de dívida em que ele se encontrava. Mesmo assim, meu pai tinha feito uma promessa ao banco e pretendia mantê-la.

---

2   A loja de ferragens que papai comprou chamava-se Coast to Coast. Foi uma temporada difícil financeiramente, mas foi maravilhosa em muitos aspectos. Minha mãe e meu pai trabalharam juntos na loja. Meu irmão Luke e eu frequentemente dirigíamos o carrinho de golfe de nossa família da nossa casa na periferia de Clark para a loja de ferragens para ver mamãe e papai, pegar um refrigerante e talvez conseguir uma caixa de cartuchos de espingarda para ir caçar mais tarde. Era o melhor de uma pequena cidade de Dakota do Sul. Agradeço a Deus pelos anos que vivemos lá.

Foi o pastor de nossa família quem finalmente convenceu meu pai de que pedir falência era a coisa certa a fazer, mesmo que isso parecesse errado. Foi um dos dias mais difíceis da vida dele. Mesmo que as letras fossem muito pequenas, meu pai ficou arrasado com o fato de seu nome e a palavra *falência* aparecerem juntos no jornal da nossa cidade.

Para piorar as coisas, não podíamos continuar na casa em que morávamos. Iríamos viver em um apartamento? Poderíamos alugar uma casa? Foi quando Joy entrou em cena. Solteira, na casa dos cinquenta anos e sem filhos, Joy tinha ouvido falar sobre a situação dos meus pais através de um amigo em comum. Ela e outra proprietária de uma imobiliária queriam nos ajudar a comprar uma casa.[3]

Isso pareceu uma boa ideia para os meus pais, mas eles sabiam que nunca conseguiriam obter um empréstimo no banco. No entanto, depois de ouvir mais sobre a história deles, Joy disse que ela e sua parceira de negócios emprestariam elas mesmas o dinheiro para a minha família. Tudo o que precisavam. Mesmo que meus pais tenham ficado emocionados com a oferta, eles não conseguiam imaginar tudo aquilo sem uma pegadinha, especialmente porque Joy mal os conhecia. Mas ela disse que não havia problema, pois simplesmente queria ajudar, e foi o que fez.

Olhando para trás, Joy foi a mão de Deus trabalhando na vida da minha família. Ela não apenas possibilitou que tivéssemos um lar, mas de muitas maneiras resgatou meu pai da sensação de ser um fracasso, ajudando-o a dar os primeiros passos novamente em direção à dignidade.

A loja de ferragens pode ter sido uma má jogada financeira, mas lembram-se da perna do meu pai que não funcionava direito? Bem, a cada

---

3 Se você precisar de uma casa em Watertown, Dakota do Sul, procure a imobiliária Haugan Nelson, administrada por duas das mulheres mais maravilhosas que você já conheceu.

dia na loja, meu pai andava quilômetros para frente e para trás, ajudando os clientes. Fazer toda aquela caminhada no piso perfeitamente plano da loja permitiu que sua perna ficasse completamente curada; e, lenta, mas seguramente, ele foi capaz de usá-la de novo. Um milagre! Isso significava que ele poderia voltar a ser eletricista, o trabalho que amava.

Mesmo em nossas épocas difíceis de vida, Deus está pronto para fazer o bem.

Quem foi um dos primeiros clientes do meu pai quando ele voltou a fazer o trabalho elétrico? Joy. Ela o convidou para fazer a rede elétrica de uma casa que estava construindo para outra pessoa. Logo depois, contratou meu pai novamente. E de novo e de novo.

Durante alguns verões, enquanto eu estava na faculdade, acabei trabalhando indiretamente para ela, instalando redes elétricas com meu pai. Em um daqueles dias de verão, Joy ligou para meu pai e pediu que viéssemos ouvir sobre um sonho que ela tinha. Saímos da cidade por alguns quilômetros e a encontramos; ela nos conduziu por um pasto aberto com colinas e capim alto até onde a vista alcançava. Seu sonho era construir um centro de retiro e um grande acampamento naquele terreno. Joy adorava cavalos e, durante anos, trabalhou com eles para ajudar a reabilitar crianças com necessidades especiais e veterinários feridos.

Joy, porém, queria fazer mais. Enquanto falava sobre a pequena cidade do oeste que iria construir — com uma rua principal, edifícios antigos do oeste e tudo mais —, eu honestamente pensei que ela poderia estar perdendo a cabeça. Na melhor das hipóteses, era um sonho que permaneceria apenas um sonho, e nada mais do que isso.

Alguns passaram e eu nunca mais pensei no sonho de Joy, até que um dia, muito tempo depois, quando eu estava dirigindo, vi uma placa anunciando o "Rancho da Joy". Não foi senão até a quinta ou sexta vez que vi a grande placa que comecei a perceber que era a mesma Joy que eu conhecia.

Seu sonho havia se tornado realidade, maior e mais agradável do que a visão que ela havia explicado e meu pai. E agora, a cada ano, *centenas* de adultos e crianças vêm visitar o Rancho da Joy. Há retiros para crianças que foram abusadas sexualmente, reuniões para famílias com deficiência, refúgios para veterinários feridos, acampamentos para igrejas, retiros de negócios, reuniões familiares.

Você escolhe, o Rancho da Joy organiza.[4]

Cerca de um ano atrás, Joy entrou em contato com meu pai e disse que queria hospedar um retiro de equipe para a Embrace, a igreja onde sou pastor. Todos os trinta ou mais de nós. Grátis. Ela disse: "Nós só queremos que vocês venham e se divirtam". E foi exatamente o que fizemos. Mais ou menos uma hora depois de chegarmos, Joy parou silenciosamente para nos cumprimentar. Ela queria ter certeza de que tínhamos tudo de que precisávamos. Quando nos deixou, a maioria dos funcionários não tinha ideia de quem ela era. Joy gosta de ser assim.

No entanto, generosidade não é algo que apenas Joy pratica. Sua generosidade se multiplicou porque inspirou outros a doar. O Rancho da Joy não é apenas o resultado do que ela doou — é o resultado do que muitos outros também doaram. É uma visão tão notável que é contagiante.

Quando comecei a seguir Jesus, lembro-me de ter ficado comovido com a generosidade de Joy para com minha família. Depois de ver meus pais irem à falência, ainda no segundo ano do Ensino Médio, decidi

---

4   Joy já deixou sua casa e todo o rancho para uma igreja, a fim de que continue sendo um acampamento e centro de retiro para crianças e adultos muito depois de ela não estar mais andando pelo rancho. É apenas mais um testemunho de uma vida vivida com alegria, doando o que tem para ajudar os outros.

que nunca chegaria financeiramente àquela situação. Eu ganharia tanto dinheiro quanto pudesse e o guardaria. Eu ganharia mais dinheiro para poder ficar com mais dinheiro. No entanto, lá estava Joy, doando o dinheiro que ganhou com tanto esforço.

Uma semente de generosidade foi plantada em mim. Essa semente criaria raízes e cresceria lentamente ao longo de minha vida adulta. A generosidade de Joy para com minha família me fez querer ser generoso para com os outros.[5] Sei que existem inúmeras pessoas como meus pais que foram tocadas pelo amor de Joy e levadas a pegar o que têm e colocar nas mãos de Deus.

O amor se multiplica pelo bem dos outros.

• • •

A história de Joy me lembra a de uma pessoa que Jesus conheceu. Alguém que muitas vezes é esquecido em um livro cheio de heróis, profetas e outros grandes nomes.

---

5 Não consigo nem começar a relacionar todas as pessoas como Joy que foram generosas para comigo e minha família e, como resultado, me fizeram querer ser mais generoso. Penso nas pessoas da Igreja Metodista Unida de Tolstoi, uma igreja onde nunca fui, que enviavam a Bec e a mim um cheque todos os meses para nos ajudar a pagar o seminário. Penso em Rex e Julie que generosamente restauraram o trator da minha família sem eu pedir. Penso em um amigo que passou na igreja certo dia com um cheque de 100 mil dólares. Embora eu tenha certeza de que esse amigo vive bem, sei que ele não é rico. Penso em pessoas como Brad Lomenick e Matt Brown, que generosamente abriram portas e me apresentaram a pessoas que eu nunca teria conhecido de outra forma. Eu poderia continuar, e continuar e continuar.

Quem? Um menino — em algumas traduções, ele é chamado de "menino" ou "rapaz".[6] (Eu tentei chamar um de meus filhos de "rapazinho" certa vez, e ele me olhou como se eu fosse um alienado. Eu disse a ele que era um título bíblico!) Não sabemos nada sobre aquele rapaz — nenhuma descrição ou detalhes são compartilhados. Tudo o que sabemos é o que ele tinha em suas mãos: cinco pães e dois peixes. Esse jovem é o exemplo perfeito de alguém sendo usado por Deus. Como? Ele simplesmente ofereceu o que tinha. Ele colocou tudo nas mãos de Jesus.

Jesus começou a ensinar e curar pessoas e, como resultado, multidões o seguiam. Grandes multidões. Quem não gostaria de encontrar um homem que pudesse dar visão aos cegos e fazer uma pessoa com pernas ruins andar? Lembro-me de querer ficar acordado até tarde para assistir ao mágico David Copperfield fazer coisas legais na TV,[7] mas o que Jesus estava fazendo era ainda maior.

Depois de um dia de ensino, a multidão de pessoas ao redor de Jesus estava ficando com fome. Todos os cinco mil, além de mulheres e crianças. Milagres são ótimos, mas quando a fome se instala, não demora muito para que uma multidão silenciosa se transforme em um grupo ameaçador.[8]

As pessoas mais próximas de Jesus disseram que era preciso dizer ao povo que fosse embora e procurasse comida, mas Jesus teve outra ideia. "Vou alimentá-los", disse Ele aos discípulos. "O que teremos de fazer para conseguir isso?" Os discípulos de Jesus o informaram: "Tudo o que

---

6 A história sobre o lanche do menino e Jesus está relatada em Mateus 14:13-21 e João 6:1-15, que parafraseei.

7 Meu programa favorito de David Copperfield foi quando ele fez um trem inteiro desaparecer. Ainda estou tentando descobrir aonde o trem foi parar.

8 Sempre fico um pouco assustado quando minha esposa fica com raiva! Amo você, Bec.

temos é um menino com os cinco pães e dois peixes que ele trouxe para o seu almoço". Claramente não é o suficiente, certo?

Mesmo assim, eles foram até o menino e colocaram o que ele tinha nas mãos de Jesus. O que acontece a seguir é o que ainda estamos contando milhares de anos depois: Jesus pegou a generosidade do menino e a *multiplicou*, alimentando mais de cinco mil pessoas naquele dia. E esse não foi apenas um pequeno lanche. Não — "todos comeram o quanto quiseram".

No entanto, Jesus continuou multiplicando. Depois que todos ficaram satisfeitos, os discípulos juntaram doze cestos com as sobras. Doze! A matemática de Deus não faz sentido.[9]

$5 + 2 = 5.000 + 12$ cestos restantes. Isso é... impossível. Tudo por causa da generosidade de um menino: o menino. Tudo pela generosidade de uma pessoa: Joy.

. . .

Joy não é muito alta. Ela é o oposto de uma mulher extravagante ou que chama a atenção. Em uma multidão, ou mesmo em um pequeno

---

9 Eu estudei intensamente matemática durante o Ensino Fundamental e fui bem no Ensino Médio. No início do meu primeiro ano de faculdade, perguntei à minha orientadora se eu poderia fazer meu trabalho na área de cálculos. Ela me disse que provavelmente seria melhor se eu não o fizesse no primeiro semestre, mas eu garanti a ela que era bom em matemática e não estava preocupado. Bem, eu deveria ter sido. Nunca trabalhei tão duro em uma classe na minha vida. Mesmo recebendo a ajuda de um tutor, eu ainda estava tirando um D+ no final do semestre. No último dia de aula, meu professor de cálculo disse: "Adam, você trabalhou tanto. Estou lhe dando um C-. "Um C era tudo que eu precisava para o meu curso. Não tenho certeza se ele estava sendo generoso ou se simplesmente não me queria em sua classe por mais um semestre. De qualquer forma, considero um milagre!

grupo de pessoas, ela é facilmente esquecida — invisível no exato sentido da palavra. No final de sua vida, acredito que muitas pessoas vão testemunhar sobre Deus e seu grande amor por meio das ações de Joy. Muitos não se lembrarão de seu nome, mas assim como o menino, eles vão se lembrar do que ela juntou em suas mãos e doou. Talvez seja uma história lembrada por milhares. A meu ver, esse é o melhor legado que uma pessoa pode deixar.

Não consigo me lembrar do nome dela, mas você já ouviu falar do milagre que Deus fez por meio dela?

Quando você pega o que tem — dinheiro, tempo, amor — e o coloca nas mãos de Deus, isso não pode deixar de se multiplicar.

Você está lutando para amar? Sente que não tem muito para dar? Comece dando o que você tem. Seja generoso e coloque isso nas mãos de Deus. Dê o seu tempo. Distribua o seu dinheiro. Divulgue suas conexões. Entregue sua vida.

Quando você junta o pão e o guarda para si, esse pão fica bolorento depois de um tempo. Pergunte aos israelitas o que aconteceu quando eles tentaram fazer isso com o maná que Deus lhes deu.[10] O mesmo acontece quando você acumula o que tem. Começa a formatar e a atrapalhar sua vida.

Você já conheceu alguém que guarda todo o seu dinheiro, seu tempo e seus bens? Sua vida começa a cheirar mal muito rápido. A arrogância se instala. Ele fica na defensiva de tudo e permanece obcecado com a ideia de que todo mundo quer apenas seu dinheiro, o que às vezes pode

---

10 Êxodo 16:20. Lutamos para ouvir as instruções de Deus, e o mesmo aconteceu com os israelitas.

ser verdade. Uma bênção se torna uma maldição.[11] Mas quando você começar a dar coisas, de alguma forma, tudo vai começar a se multiplicar — ou talvez você apenas perceba que já tinha muito para começar. Muito não apenas para você, mas também para os outros. De repente, o amor começará a fluir para todas as outras áreas da sua vida.

• • •

Acho que no fundo, todos nós queremos ser generosos, mas não sabemos por onde começar. Queremos fazer o bem. Queremos ser uma bênção. Mas como?

Tem algum dinheiro extra este mês? Compre o jantar para uma jovem família quando for comer fora.

Não tem certeza do que fazer com seu tempo extra nas tardes de terça-feira? Corte a grama para seus vizinhos (talvez seja melhor perguntar primeiro!). Ou remova as folhas do quintal deles. Ofereça-se para ser babá de um casal que você sabe que adoraria ter um encontro noturno a sós. Encontre um carro para quem precisa de um para ir trabalhar. Vá a uma casa de repouso e pergunte se há alguém que precisa de uma visita. Coloque dinheiro no bolso esta semana e doe. Faça biscoitos para seus vizinhos. Comece a doar regularmente para sua igreja. Dê uma gorjeta absurdamente grande para a pessoa que arrumar seu quarto na próxima vez que você estiver em um hotel. Compre flores para alguém que está

---

11 O profundo filósofo Puff Daddy com The Notorious B.I.G. e Mase tem uma canção intitulada "Mo Money Mo Problems" (*Life After Death*, Bad Boy, 1997). Esse ainda é um dos meus videoclipes favoritos.

passando por uma provação. Ofereça suas habilidades em uma escola ou organização sem fins lucrativos na cidade.[12]

Veja uma necessidade específica e preencha-a. Descubra o que você recebeu generosamente — não importa o quão pequeno seja — e comece a distribuir.

Todos nós temos algo para oferecer. Talvez seja dinheiro. Talvez seja tempo. Talvez seja aquela abobrinha extra da horta (essas coisas sempre sobram!). A questão é que você tem mais do que precisa, então dê a alguém que não tem o suficiente.

Mas por que doar aquilo pelo qual você trabalhou tão duro para usar em primeiro lugar si mesmo? Para começar, porque tudo o que temos nunca foi nosso. Tudo nos foi dado por outra pessoa no passado, e também por Deus.

Um dos maiores momentos de nossa vida é aquele em que descobrimos que as palavras de Jesus são verdadeiras: é melhor dar do que receber.[13] Isso é verdade para o amor. Isso também vale para o dinheiro. Somos mais parecidos com Jesus quando doamos.

Quando percebemos que tudo o que temos nunca é verdadeiramente nosso, torna-se fácil ser generoso. É como dar as riquezas de outra pessoa. Quanto mais você dá, mais fácil esse ato se tornará. Esperando que alguém lhe peça para doar? Eu apenas fiz![14]

---

12 Quando Deus colocar algo em seu coração, vá em frente! Não se aproxime de sua igreja e peça que lhe façam algo. *Você* é a igreja. Reúna alguns amigos — se precisar de dinheiro, tire um pouco de sua conta bancária e peça a amigos que façam o mesmo — e vá em frente! Esse é um dos maiores passos que você pode dar no discipulado. Pare de pedir que a igreja faça coisas e torne-se você mesmo a igreja!

13 Veja Atos 20:3.5.

14 Muitas vezes nos esquecemos de fazer um relato do que doamos — não para nos gabar ou vangloriar, mas para voltar meses depois e ver como Deus multiplicou

Recentemente, perguntei a Joy sobre sua vida e a generosidade que flui em cada parte do que ela faz. Ela compartilhou que no início foi difícil doar.

"Isso vai contra a maneira como estamos conectados", disse ela. "Nós merecemos. Eu mereci, então deveria ser meu para guardá-lo, certo? Mas depois de começar a doar, isso torna-se contagioso. Torna-se uma forma de viver e não consigo imaginar nada diferente. Eu chamo isso de caminho para a felicidade."

Eu quero estar no caminho da felicidade, você não?

Não consigo imaginar um mundo sem uma pessoa como Joy vivendo nele — uma pessoa que modelou sua vida a partir de um jovem que deu tudo o que tinha e viu Jesus multiplicá-lo. Mesmo que esse tipo de generosidade possa parecer loucura ou impossível para nós, realmente não é. Jesus diria que isso deveria ser a norma. Comece com algo pequeno. Comece simplesmente doando o que você já tem; coloque-o nas mãos de Deus e observe-o trabalhar. Quando o fizer, sei que você também começará a trilhar o caminho da felicidade de que Joy tanto fala.

O amor se multiplica pelo bem dos outros.

---

nossa generosidade. Isso deve nos deixar exaltando a Deus, não a nós mesmos. Esse simples ato de olhar para trás apenas nos encorajará a doar mais.

4

Antonio

O amor ama
de um modo extravagante

Conheci Antonio enquanto estava pregando. Sim, era um domingo e eu me encontrava no púlpito quando o "encontrei" pela primeira vez. Estava compartilhando sobre algumas das coisas difíceis que as pessoas experimentam na vida, as provações que a vida traz, quando você se pergunta se vai conseguir sobreviver a determinadas situações:

A perda de um emprego.

A um aborto espontâneo.

A um diagnóstico de câncer.

A um divórcio.

Quando comecei a listar as dificuldades, ouvi algo no meio da multidão. Alguém... rindo? Hoje eu aprendi a pregar em praticamente qualquer situação: crianças gritando, pessoas na primeira fila se levantando para usar o banheiro, velhos roncando (são sempre os mesmos), até moscas gigantes mergulhando e bombardeando minhas anotações,[1] mas eu tenho que admitir, naquele momento parei por um segundo.

Quem é que ri do divórcio ou da perda de um filho?

Talvez a pessoa tenha me ouvido mal e pensado que era uma piada, ou tenha recebido de um amigo no celular uma mensagem de texto engraçada.[2] Quando a explosão de riso parou, continuei com minha mensagem.

Na semana seguinte, eu estava novamente falando sobre algo pesado e ouvi risadas no meio da congregação. *O que está acontecendo?*

Depois do culto, mencionei as risadas inoportunas ao pastor do campus, perguntando se eu havia esquecido alguma coisa. Ele apenas sorriu e disse: "Deixe-me apresentá-lo a Antonio".

Fizemos uma breve caminhada no meio multidão após o culto. Ele me levou até um afro-americano baixinho, usando luvas sem dedos, segurando uma xícara de café com as duas mãos. Antonio!

No momento em que ele me viu andando em sua direção, começou a tremer, tonto de excitação. Fiquei tentado a me virar. Tipo, o Bieber

---

1   Por alguma razão desconhecida, temos moscas aleatórias que vivem no templo de onde prego. Pode estar fazendo quarenta graus negativos lá fora, no meio do inverno, mas ainda temos moscas. Essas moscas também adoram sair do esconderijo enquanto estou pregando para um monte de pessoas. Imagine grandes moscas zumbindo em volta da minha cabeça e bombardeando minhas anotações enquanto estou pregando! #paratrásdemimSatanás

2   Aqui entre nós, antes de pregar, sempre verifico se o zíper da minha calça não está aberto. Estranho, mas é verdade. Haveria algo pior do que ter todo mundo rindo porque meu zíper estava aberto na frente de *toda a* igreja?

estava atrás de mim ou algo assim?[3] Será que esse cara — que eu nunca conheci — estaria assim tão animado para me ver?

"Oi, meu nome é Adam", eu disse.

"O-i-iii", ele respondeu timidamente.

"Qual o seu nome?"

Ele nervosamente respondeu: "An-to-ni-o."

"Como vai?"

"Be-e-e-em."

"Você vem à igreja aqui com frequência?"

"Si-i-m-m."

Quanto mais conversávamos, mais Antonio ficava animado, respondendo a todas as minhas perguntas com respostas prolongadas, de uma só palavra. Essa curta interação com ele pode não parecer grande coisa para você, mas significou muito para mim. Eu me senti muito *amado*. Ele me fez sentir especial. Ele me fez sentir a pessoa mais importante daquela sala. Em nossa conversa de dois minutos, Antonio me amou extravagantemente.

A palavra *adorar* significa "estimar, valorizar". Antonio falou comigo como se tivesse encontrado um tesouro. Tive toda a atenção dele. Ele não estava distraído. Parecia estar realmente em êxtase por falar comigo. Antonio ouviu cada palavra que eu disse, e sua empolgação em me conhecer foi visível.

Ainda jovem, Antonio teve uma convulsão que resultou em graves danos cerebrais. Embora agora tenha 21 anos, sua compreensão é a de

---

3   Justin Bieber e eu somos próximos. Sempre posso sonhar.

um menino de dez. Sim, às vezes ele ri durante um culto de adoração quando estou falando sobre algo que não é engraçado, como o divórcio, mas essa é a característica que o torna único. De vez em quando, algumas pessoas mencionam que Antonio os está distraindo da conexão com a mensagem e perguntam se ele não poderia ficar mais quieto.

Muitas pessoas tendem a evitar pessoas como Antonio por não as compreenderem. Antonio tem um sorriso permanente que é um pouco difícil de entender se você nunca o conheceu. Ele está sendo sincero? Isso e a maneira como suas mãos tremem o tornam diferente. Muitas pessoas se sentem estranhas quando tentam puxá-lo para uma conversa, já que ele oferece apenas respostas de uma palavra. Mas, embora seja um sujeito simples e desajeitado, há outra coisa que o diferencia: quando você está com ele, não consegue evitar se sentir total e completamente *amado*. Na minha experiência com seres humanos, isso é difícil de encontrar.

Depois de conhecer Antonio naquela primeira semana, cada vez que ele me via na entrada do templo, em um domingo, começava a sorrir e a tremer de forma completamente incontrolável. Segurando sua xícara de café com as duas mãos como se sua vida dependesse disso, ele vinha até mim e dizia *oi*, mesmo se eu estivesse conversando com outra pessoa. Ele ficava por perto, sorrindo, mesmo se eu estivesse orando por alguém.

Todos os domingos, comecei a ansiar por esses momentos com Antonio. Longe de me sentir constrangido, eu esperava que nós nos cruzássemos.

Um dia, enquanto eu estava dirigindo pela cidade, vi Antonio em um passeio com alguns amigos de seu grupo. Abaixei minha janela. "Ei, Antonio!" Eu gritei. Eu não tinha pensado muito bem na situação, porque quando Antonio ouviu seu nome, ele congelou, sorrindo e tremendo. No meio de uma faixa de pedestres. No meio de uma estrada com muito trânsito. Ele começou a procurar de onde vinha a voz. Assim que percebeu que era eu, começou a acenar com entusiasmo na minha direção. Eu acenei de volta — mas então o encorajei a continuar andando para que ele não fosse atropelado por um carro. "Antonio, continue andando! Continue!" Enquanto eu dirigia sem conseguir parar de sorrir. Foi o ponto alto do meu dia!

Antonio é uma das minhas pessoas favoritas no planeta. Estou melhor por causa dele. Só o fato de pensar nele me faz sorrir. Ele é um propagador de alegria! Nossa igreja está melhor por causa dele. Muitas vezes, acho que Antonio é Jesus entre nós, lembrando-nos de não nos levarmos muito a sério. Lembrando-nos quem e o que é realmente importante. O mundo está melhor por causa dele.

Antonio me ensinou que o amor ama de um modo extravagante.

• • •

Em certa ocasião, Jesus estava comendo com um líder religioso da comunidade, um fariseu chamado Simão. Quando Jesus e seu amigo líder religioso se sentaram para jantar, uma "certa mulher imoral" se aproximou dele.[4] Essa mulher não era qualquer pecadora, mas uma pecadora conhecida publicamente, talvez uma prostituta chamada Maria.[5] Dizer

---

4 Essa história sobre Maria e Jesus está em Lucas 7:36-50, que parafraseei.

5 Raabe é outra pessoa na Bíblia que era prostituta. Eu estou muito grato por esses tipos de detalhes. Muitas vezes, na igreja, evitamos falar sobre coisas como sexo, pornografia, depressão, suicídio, vícios e assim por diante, porque achamos que não é certo falar sobre isso no púlpito. Mesmo assim, sou muito grato por causa de Jesus, que não tem medo de falar conosco em nossos momentos mais baixos e sujos. Oro para que as igrejas se tornem os primeiros lugares para falar sobre essas coisas, não as últimas. A mulher que falava com Jesus era uma mulher paga para fazer sexo. Talvez alguns dos homens que estavam perto de Jesus nessa história

que Maria estava atrapalhando a refeição e tomando o tempo do líder religioso com Jesus seria o eufemismo do ano.

Somos informados de que a mulher se ajoelhou ao lado de Jesus e começou a derramar "um belo frasco de alabastro cheio de perfume caro". Esse frasco de perfume valeria o salário de um ano inteiro para um trabalhador daquela época, sem falar no que teria valido para uma mulher como ela, que ganhava a vida como prostituta. Ao derramar o perfume nos pés de Jesus, Maria estava literalmente pegando tudo o que tinha e derramando sobre Jesus.

Maria, então, desfaz o cabelo e começa a enxugar o perfume dos pés de Jesus. Isso pode parecer meio estranho para nós, mas era um sério não-não na época. As mulheres eram obrigadas a usar o cabelo preso; na verdade, usá-lo solto em público indicava que a mulher tinha moral duvidosa. Um escândalo. Em vez de pensar no que seria visto como correto ou apropriado, tudo o que Maria considera no momento é seu amor por Jesus. Mesmo sendo uma pecadora conhecida publicamente, ela deseja estar perto dele. Ela esbanja o seu amor sobre Jesus. Ela mostra a Jesus um amor que adora extravagantemente.

Não perca isto: nesse momento, Maria e Antonio são muito parecidos. Desconsiderando o que os outros possam pensar. Indo além das normas da "sociedade educada" para amar de uma forma extravagante. Claro, outros podem achar que é estranho, perturbador ou totalmente esquisito, mas o que Maria fez aqui por Jesus e o que Antonio faz por mim toda vez que me vê em um domingo (ou no meio de uma faixa de pedestres!) são

---

foram os mesmos que se deitaram com ela. Não há outra maneira de contornar isso. Nojento, certo? Sujo. Embaraçoso. Tem um lugar na sua vida que é muito sujo ou até mesmo nojento? Mesmo que não seja certo falar sobre isso na sua igreja específica, Jesus adoraria falar com você sobre isso. Deixe-o entrar.

exemplos de um amor que adora extravagantemente, não importa o que os outros possam pensar.

Para Maria, Jesus era a pessoa mais importante naquele lugar, a única que ela considerou naquele momento. Ela estava focada apenas nele. Por outro lado, quase posso sentir o líder religioso olhando para ela com arrogância, esperando que ela vá embora para que ele possa receber a atenção total de Jesus. *O que essa mulher, essa prostituta, está fazendo aqui, interrompendo nosso tempo? Temos coisas para conversar agora! E eu sou muito mais importante do que o lixo de pessoa que ela é.*

Outros teriam pensado que ela era louca (parecida com Antonio durante minhas mensagens), mas Jesus simplesmente se sentiu amado — muito bem amado.

Agora, poderíamos terminar as coisas por aqui, mas o que é ainda mais surpreendente do que o amor que Maria mostrou por Jesus é o amor que Jesus mostrou para ela.

Jesus sabia tudo sobre Maria desde o momento em que ela entrou pela porta. Ele conhecia a profundidade de seu pecado, a profundidade de sua história, seu passado e todos os homens com quem ela esteve, melhor do que ninguém — e melhor ainda do que ela mesma. E embora Jesus estivesse comendo com essa pessoa super-religiosa que mais admirava, por quem Ele foi atraído? Quem Ele tratou como VIP? A quem Ele deu atenção total?

Maria.

Jesus não viu Maria como uma distração, mas como o ponto focal.

Ele vê pessoas como Maria e Antonio. Pessoas que outros podem ver como inconvenientes. Gente desnecessária. Fora de lugar. Abaixo dos outros. E Ele trata cada uma dessas pessoas como se fossem a mais importante na sala.

Com Maria, em vez de fazer o que era correto e adequado, Jesus fez o que era inesperado e quebrou um tabu. Em vez de afastá-la, Ele permitiu que ela se aproximasse. Em vez de condená-la, Jesus se associou a ela. Aos seus olhos, Maria não era definida pelo que ela fez ou deixava de fazer. Em vez disso, ela agora era definida por Jesus e pelo amor extravagante que o Mestre nutria por ela.

O amor extravagante cria uma oportunidade sagrada para o amor extravagante em troca. Quase exige isso! Faz parte de seu poder.

Maria viria a se tornar uma das mais conhecidas amigas de Jesus e, sem dúvida, uma das mulheres mais conhecidas de toda a história. Na verdade, a Bíblia diz que onde quer que se fale de Jesus em todo o mundo, as pessoas mencionarão Maria e seu ato generoso.[6] A Bíblia diz literalmente que ela tornou famosa porque adorou Jesus extravagantemente.

. . .

E se pessoas como Antonio (e Maria) pretendem ser lembretes do amor extravagante e extremo de Jesus por nós? Sim, durante um culto na igreja, mas também durante a semana. Eu descobri que muitas vezes as "distrações" em nossa vida, sejam elas pessoas ou eventos, são as coisas que Jesus deseja que vejamos, ouçamos e prestemos atenção ao máximo.[7] Aos domingos, em vez de ser uma distração da mensagem, e se Antonio for a "mensagem" que Deus quer que ouçamos?

---

6 Veja Mateus 26:13.

7 Responda a esta pergunta para ter uma boa avaliação de sua caminhada com Cristo: como você reage a "interrupções" ao longo do dia? Fica irritadinho? Seu temperamento é explosivo? Muitos dos milagres que vemos na Bíblia aconteceram como resultado de uma interrupção na programação de Jesus. Da próxima vez que você for interrompido, olhe para o amor — ou ainda mais, pense em

Antonio tem muito a oferecer em nossa sociedade viciada em celulares. Ele não está grudado na tela. Ele não me julga pelos meus gostos ou postagens espirituosas on-line. Ele me ama muito simplesmente por fazer de mim seu foco central naquele primeiro momento na igreja — e muitos momentos depois disso. Como geralmente amamos os outros apenas se eles tiverem algo significativo para nos oferecer em troca, o amor extravagante de Antonio é revigorante, pois é oferecido sem amarras.

Eu não preciso buscar sua atenção; ele a oferece livremente. Não preciso tentar impressioná-lo ou agir como alguém que não sou; ele me ama pelo que sou. Antonio me faz sentir que tenho valor.

Isso é importante. Que eu sou amado.

Pelo que eu faço. E o que sou.

Mesmo quando não sinto que seja verdade.

Na verdade, há algo especial dentro de cada um de nós. Deus diz que somos feitos à sua imagem.[8] Podemos não ver, mas somos. Os humanos são diferentes de qualquer outra coisa viva na Terra. Nós fomos feitos de forma terrível e maravilhosa: a de nos parecermos com Deus.[9] Cada um de nós tem um presente para oferecer à humanidade. Cada um de nós é importante para alguém. Mesmo que não sejamos importantes para ninguém, cada um de nós é importante para Deus. Existe algo dentro de nós que é divino, que aponta para o nosso Criador celestial. Deus olha para nós e diz que somos bons.

---

como você pode realizar um pequeno milagre para alguém. Senhor, dê-nos o seu coração.

8   Veja Gênesis 1:27.

9   Veja Salmos 139:14.

Jesus ama extravagantemente. Antonio faz o mesmo. Eu quero aprender a amar os outros dessa maneira.

• • •

O amor extravagante sem condições parece ridículo à primeira vista. Está fora da nossa zona de conforto. É difícil. Dá muito trabalho. O amor extravagante consome um tempo que realmente não precisamos doar. Quem sabe você não esteja pensando: *Talvez eu estenda o amor para alguém que primeiro me amar de maneira extravagante.* Mas tente uma vez e você nunca mais será capaz de voltar a amar as pessoas de outra forma. Sair da sua zona de conforto para fazer alguém se sentir especial — há algo nisso que é contagiante. O amor extravagante muda o foco de si mesmo para outra pessoa, algo que Antonio e Maria podem nos ensinar.

Não é preciso uma grande festa ou algo caro ou elaborado. Cada pessoa, lá no fundo, simplesmente quer saber: *você vai me amar? Você vai me notar?* Antonio responde à minha pergunta de forma silenciosa com um sonoro *sim*, tratando-me como sua pessoa favorita cada vez que me vê. Por sua vez, quero amar outras pessoas da mesma maneira extravagante.

Antonio pode ser diferente da maioria das pessoas, mas ele é diferente no bom sentido! Ele tem muito a nos ensinar sobre como o amor deve ser.

Então, quem são as pessoas em sua vida que você pode amar extravagantemente? Quem são os VIPs invisíveis que gostariam de se sentir conhecidos e amados?

Talvez seja um garoto do Ensino Fundamental que precisa de um mentor em sua vida.

Talvez seja o novo colega de trabalho que acabou de se mudar para a cidade e não conhece ninguém.

Talvez seja o colega quieto em sua aula de matemática.

Talvez seja o vizinho por quem você passa no seu caminho para o trabalho todos os dias, mas nunca se detém para conversar com ele.

Ame-os! Pare de ignorar as pessoas. Ainda que por apenas cinco minutos. Ame-os extravagantemente. Surpreenda-se com o quanto você pode fazer com que eles se sintam como as pessoas queridas que já são aos olhos de Jesus — feitos exclusivamente com um propósito de Deus!

Você está lutando para encontrar o tesouro que Deus enterrou dentro de outras pessoas? Cave fundo. Procure as características divinas nessas pessoas. Pergunte. Peça-lhes que compartilhem suas histórias com você. Continue cavando até encontrar os dons exclusivos que Deus concedeu a elas. Eles estão lá, em algum lugar!

Quer amar alguém extravagantemente? Faça a si mesmo uma pergunta simples: *o que posso fazer para que essa pessoa se sinta especial?* Então, vá em frente! Nem sempre precisa ser algo sofisticado ou brilhante; você não precisa sair e doar carros novos como a Oprah ou fazer compras para eles no Starbucks pelo resto da vida (mesmo que isso fosse incrível!). Simplesmente ame as pessoas invisíveis em sua vida com o que você já tem, assim como Antonio me ama — extravagante à sua maneira.

5

Tyler e Travis

O amor permanece quando todo mundo vai embora

Meus dois amigos mais próximos são dois indivíduos chamados Tyler e Travis. Um é corretor de imóveis e o outro é o pastor com quem trabalho. Tyler e Travis não frequentam realmente os mesmos círculos, mas eu os conheço há anos, e eles me mostraram como o amor realmente é, de mais formas do que eu consigo enumerar.

Conheci Tyler quando estávamos na faculdade. Nós nos víamos aqui e ali, mas nunca nos conhecemos muito bem. Alguns anos depois, quando surgiu a ideia de começar uma igreja, eu morava em Kentucky, a mais de 1.600 quilômetros de distância. Certa noite, por acaso, falei com Tyler, que morava em Sioux Falls, para ver se ele estaria interessado em frequentar uma nova igreja ali na cidade. Ele mal sabia quem eu era, mas disse que sim quando o convidei para uma igreja que não tinha nome e nem existia ainda.[1]

Alguns meses se passaram. Eu me mudei de volta para Dakota do Sul e começamos a desenvolver os planos para a Embrace Church. Tyler e eu começamos a nos encontrar algumas vezes por mês para encorajar e estimular um ao outro. Sua família foi uma das primeiras a chamar o próprio lar de Embrace. Desde o primeiro dia, Tyler e sua família entraram em ação. Doando fielmente. Servindo fielmente. E para mim, de modo pessoal, encorajando-me fielmente.

Quase imediatamente, o relacionamento de Tyler com Jesus me inspirou. Ver sua generosidade radical me inspirou. Ver sua disposição para ajudar as pessoas me inspirou. Sim, Tyler é um corretor de imóveis, e eu brinco com ele por causa dos incontáveis outdoors pela cidade que têm uma imagem gigante de seu rosto neles.[2] Mas ele se tornou um pastor para muitos. Muitas vezes as pessoas o procuram para pedir conselhos, ouvi-lo e orar com ele. Se um empresário está lutando com uma provação em seu casamento ou em sua caminhada com Deus, sempre digo a ele para se encontrar com Tyler. Eu sei que ele ficará encorajado.

Como um pastor novato, eu estava muito grato por ter um lugar seguro onde pudesse compartilhar o que era bom, o que era ruim e o que não fosse, um lugar onde pudesse ser honesto, onde pudesse ter alguém orando por mim.

---

1 Curiosamente, ainda me lembro de onde liguei para Tyler: nosso apartamento em Bettie Morrison Hall, no campus do Seminário Asbury. Lembro-me principalmente porque não me pareceu estranho ligar para Tyler (que eu mal conhecia) até desligar o telefone com ele.

2 Eles são impossíveis de se esquecer! Além disso, Tyler e o prefeito de Sioux Falls podem ser os dois caras mais bonitos da cidade.

Começando com a primeira temporada de fundação da igreja, Tyler me mostrou que o amor aparece. O amor escuta. Quando um amigo não pode andar, o amor o carrega. O amor permanece.

Existem certas pessoas em sua vida que você acha que nunca será capaz de retribuir sua amizade e incentivo. Tyler é uma dessas pessoas para mim. Travis é outro.

Quando a Embrace já tinha alguns anos, começamos a crescer como loucos. Tudo foi ótimo! Exceto *eu*. Estava exausto e, embora a igreja estivesse indo bem, eu me via lutando contra a depressão, a ansiedade e me sentia totalmente oprimido.[3] Tínhamos uma equipe incrível de meio período, e nossos voluntários eram fantásticos, mas muitas vezes eu ainda me sentia completamente sozinho.

Certo dia, cheguei ao fundo do poço. Depois de me tornar um viciado em trabalho por três anos consecutivos, sentia-me um desastre! Sabia que algo precisava mudar. Eu precisava de ajuda. Necessitava desesperadamente de uma tábua de salvação. Foi quando contratamos o Travis, o primeiro funcionário em tempo integral a trabalhar comigo.[4] Ele começou a vir para a Embrace há cerca de três anos, e seu primeiro dia foi, na verdade, o domingo em que começamos a nos reunir em nosso próprio espaço pela primeira vez — o dia em que começamos a explodir como igreja. Ele rapidamente se conectou e começou a servir à igreja de todas as maneiras que podia.

---

3 Eu compartilho mais sobre essa temporada em meu livro *Talking with God* [*Conversando com Deus*] (Colorado Springs, CO: WaterBrook, 2018).

4 Travis é o pastor do campus em Tea Campus em Tea, Dakota do Sul. Ele começou como nosso pastor executivo.

Travis foi uma dádiva de Deus. Quando o contratamos, ficou claro que eu não estava mais sozinho. Ele estava *comigo* ali, me aplaudindo. Encorajando-me. Lutando por mim. Orando por mim.

Alguns dias, parecia que ele estava me carregando quando eu não conseguia andar.

Mas seu amor também era difícil. Ele me questionava, perguntando se isso ou aquilo era realmente o movimento certo. Ele se certificou de que havíamos pensado em todas as opções. Ele expressava sua opinião, falava comigo. Sua lealdade não era apenas para meu conforto, era para meu bem. E para o bem da igreja.

Nós dois estávamos nas trincheiras. Olhando para trás, fomos capazes de realizar muito mais coisas juntos do que eu jamais conseguiria sozinho. A igreja não era mais um fardo para mim. Em vez disso, tornou-se uma bênção novamente, e começamos a ver Deus se mover de maneiras que nunca havíamos imaginado.

As pessoas costumam me contar como uma mensagem que compartilhei impactou a vida delas. Nos últimos seis anos, talvez tenha havido apenas uma ou duas mensagens que Travis não ajudou a moldar em grande escala. Ele conhece a Bíblia melhor do que ninguém, mas mais do que isso, ele a vive. Ele é a verdadeira aliança!

Travis e Tyler me encorajaram e me empurraram para mais perto de Jesus por anos. Porém, alguns verões atrás, eu passei por uma das épocas mais difíceis da minha vida, uma temporada em que não sabia quem estava lá por mim e quem não estava. Eu já havia passado por alguns momentos difíceis antes, mas nada como aquilo.

Tive que tomar uma decisão difícil na igreja, e não foi popular. Levei seis meses tentando descobrir se havia alguma forma de contornar isso.

Eu sabia que a decisão não seria bem recebida, mas nunca esperei que a resposta fosse o que foi. Foi difícil. Brutal, na verdade. (Você já teve que tomar uma difícil decisão que sabia ter de tomar? Já foi mal interpretado? Há poucas coisas piores.)[5]

A notícia se espalhou rapidamente sobre a decisão, mas a pior parte foram os rumores que se espalharam, os quais simplesmente não eram verdadeiros. Algumas pessoas vieram e me fizeram perguntas e, mesmo que no final das contas discordassem, a maioria entendeu. Porém muitas pessoas foram embora sem nunca fazer perguntas. Pessoas que eu conhecia e amava havia uma década foram embora — não apenas da igreja, mas também da minha vida. Elas romperam sua amizade comigo sem dizer uma palavra. Eu estava devastado!

Quando tantas outras pessoas se distanciaram de mim — pessoas que realmente só viram o que havia de bom em mim — Tyler e Travis se aproximaram. Mesmo que eles tivessem visto o que havia de bom, de ruim e feio em mim.

Ao longo dessa temporada, esses dois amigos me carregaram, tanto em momentos diferentes quanto de forma individual. Diariamente eu queria desistir. Todo dia eu queria parar. Cada dia eu queria sair da

---

5   Se você for um líder de qualquer espécie, terá que tomar decisões difíceis assim. Um líder em sua casa, equipe, empresa, organização sem fins lucrativos ou até mesmo num grupo de amigos. Decisões pelas quais você vai perder o sono, mas você sabe que são as decisões certas a tomar. Senhor, dá-nos coragem. Tudo parece fácil para um zagueiro de poltrona. Aqueles que estão fazendo muito pouco sempre gritarão mais alto. É muito fácil criticar os outros quando você nunca foi criticado porque não fez muito que valha a pena criticar. Durante essa época difícil na igreja, inúmeros líderes vieram até mim e me disseram: "Mantenha a cabeça erguida. Você é um bom homem. Continue!" Serei eternamente grato por essas palavras. Se você estiver passando por um momento assim, "Mantenha a cabeça erguida. Continue!" Estou orando por você! Você não está sozinho.

igreja. Até considerei o caso de não ser mais pastor. Eles, porém, não me deixaram desistir.[6]

Quando digo que eles me carregaram, quero dizer que estava ao telefone várias vezes por dia com pelo menos um deles, pedindo oração. Pedindo conselho. Porém, mais do que tudo, pedia-lhes que me ajudassem a dar mais um passo e colocar um pé na frente do outro. Houve dias em que me senti completamente paralisado. Eu estava tão cansado que sequer conseguia orar. Lutei para sentir alguma coisa. Às vezes eu me machucava tanto que não conseguia nem colocar em palavras o que estava sentindo. Tive sentimentos de amargura e traição que nunca soube que existiam. Eu me perguntei se o normal algum dia voltaria — se a provação pela qual eu estava passando, que durou meses, chegaria ao fim.

Cada vez que eu ligava, eles atendiam.

Cada vez que eu precisava de alguém para ouvir, eles ouviam.

Eles me deixaram compartilhar o que estava dentro de mim e não me julgaram.

Eles me ajudaram a ver as coisas de uma perspectiva diferente, que eu não conseguia ver em meio à minha dor e confusão.

Como seres humanos, independentemente de quem ou de onde estejamos, precisamos dos outros. Precisamos de outras pessoas ao nosso redor. Estudos mostraram que as pessoas que têm boas amizades são

---

6 Se você foi ferido ou cansado por causa da igreja — qualquer igreja — sinto muito! Agora entendo perfeitamente por que tantas pessoas fora da igreja não querem ter nada a ver com isso. Aqui vai meu encorajamento: dê outra chance à igreja. Como qualquer família, às vezes tudo é complicado, mas você e eu precisamos disso.

mais felizes, têm menos problemas de saúde física e mental, e vivem mais do que pessoas que não têm uma boa comunidade ao seu redor.[7]

Tradução: se você tem amigos, não precisa se exercitar nunca mais, pode comer tudo o que quiser e viverá para sempre! Incrível, certo? Eu gostaria que funcionasse assim. Mas especialmente nos tempos difíceis, nos momentos mais terríveis e nas provações da vida, precisamos de outras pessoas.

A cada dia, um dia de cada vez, Tyler e Travis me puxavam para mais perto de Jesus, simplesmente por ficar perto de mim.[8] Eles fizeram tudo o que podiam e um pouco mais, e *eles estavam lá*. Em uma época em que eu não conseguia me aproximar de Jesus — quando sentia que não conseguia falar ou orar — foram Tyler e Travis que me levaram a Ele. E eles não apenas me conduziram a Jesus; de muitas maneiras, esses dois *eram* o próprio Jesus para mim. Seu amor permaneceu, quando tantos outros partiram.

. . .

Uma das minhas histórias favoritas sobre Jesus envolve cinco amigos.[9] Jesus havia ensinado e curado pessoas em todo o lugar e agora estava voltando para a cidade de Cafarnaum, que era sua base naquele momento de sua vida.

---

7   Não acredite apenas na minha palavra — pessoas inteligentes de Harvard disseram isso! Consulte "The Health Benefits of Strong Relationships", *Harvard Women's Health Watch*, atualizado em 6 de agosto de 2019, www.health.harvard. edu/newsletter_article/the-health-Benefits-of-Strong-relações.

8   Também preciso agradecer a pessoas como Rick Post, Cody Bozied, Jason Smith, Holly Brown, Matt LeRoy e Travis Finke.

9   Essa história sobre os cinco amigos e Jesus está em Marcos 2:1-12, que parafraseei.

Jesus foi para uma casa (alguns acham que era onde morava seu amigo Pedro) e rapidamente se espalhou a notícia de que Ele estava lá. Do nada, ondas de pessoas começaram a aparecer porque queriam vê-lo e ver o que estava acontecendo. Uma enorme multidão se reuniu, incluindo um grupo de quatro amigos carregando seu companheiro paralisado em uma esteira porque ele não conseguia andar. Veja o que aconteceu a seguir:

> Alguns homens vieram, trazendo até Ele um paralítico, carregado por quatro amigos. Como não conseguiram levá-lo até Jesus por causa da multidão, eles fizeram uma abertura no telhado acima de Jesus, cavando e baixaram a esteira em que o homem estava deitado. Quando Jesus viu a fé deles, disse ao paralítico: "Filho, os teus pecados estão perdoados".

É uma cena bem maluca, certo? Como os quatro rapazes não conseguiram levar seu amigo até Jesus, eles decidiram abrir um buraco no telhado de uma casa e baixar por ali seu amigo, apenas para que pudessem levá-lo para perto de Jesus.[10] No entanto, veja só: quando eles fazem isso, Jesus o cura! E o Mestre diz a ele: "Levante-se, pegue sua esteira e vá para casa!"

O plano-mestre dos amigos funcionou. Seu amigo foi curado milagrosamente. Eles ganharam o prêmio "Amigos do Século" na hora, com certeza.

---

10 Mesmo se você mora a 1.600 quilômetros de Sioux Falls, siga @Argus911 no Twitter e Instagram. @Argus911 escreveu certa vez uma reportagem sobre algumas pessoas que abriram um buraco no telhado de um bar para roubar um caixa eletrônico. Ainda não sei como eles fizeram isso, logisticamente. Eles roubaram o *caixa eletrônico inteiro*. Fazendo uma concessão, esse não foi um milagre de Jesus, mas é uma pequena coisa estranha em Sioux Falls.

Sim, essa história é um exemplo insanamente incrível de um milagre que Jesus realizou, mas a história do homem e seus amigos também nos diz algo sobre como o amor deveria ser — um amor que eu vi uma e outra vez em minha própria vida, um amor que Tyler e Travis me mostraram durante os momentos mais difíceis da minha vida: um amor que permanece.

Não perca isto: havia muitas pessoas nessa casa onde Jesus estava, mas apenas quatro ajudaram o homem na esteira. Apenas quatro pessoas notaram. Apenas quatro pessoas se importaram o suficiente para fazer alguma coisa. Apenas quatro pessoas permaneceram.

Você já se sentiu assim antes? Você já esteve no meio da multidão e pareceu completamente invisível?

Eu nunca deixo de me surpreender com a quantidade de amigos que podemos ter no Facebook, mas muitos de nós não temos um amigo para quem ligar quando estamos passando por lutas. Não temos com quem compartilhar nosso sofrimento. Não temos ninguém para nos manter no caminho certo quando somos tentados. Não temos ninguém para ficar conosco quando cometemos um erro.

Estamos tão "conectados", mas não temos outra pessoa que aparecerá quando mais precisarmos da presença de alguém. Uma pessoa que apareça quando ninguém mais aparece.

Existem poucas bênçãos maiores nesta vida do que ter amigos queridos. As pessoas que atendem ao telefone e apenas ouvem. As pessoas que vêm quando dizem que estão vindo. As pessoas que o ajudam quando você precisa de alguém. As pessoas que simplesmente estão *lá*. Você não precisa impressioná-los. Você precisa simplesmente *estar* com eles.

Você tem alguém assim em sua vida? Pessoas que vão aparecer? Às vezes, não percebemos nossa necessidade profunda até que venhamos a enfrentar circunstâncias frustrantes, uma multidão enorme, uma provação inesperada, uma temporada extremamente difícil. Até que estejamos cara a cara com o inimaginável.

Todos nós precisamos de pessoas assim, mas também precisamos *ser* pessoas assim. Pessoas que farão o que os quatro homens fizeram por seu amigo na esteira, fazendo absolutamente qualquer coisa necessária para levá-lo a Jesus.

Você tem pessoas assim?[11] Você é essa pessoa para os outros?

Se você não tem pessoas assim agora, não desanime ou pense que este capítulo não se aplica a você. Seja o tipo de pessoa que tem um amor que permanece, apesar das circunstâncias. Já ouviu a frase "você tem que ser amigo para ter amigo"? Pode parecer brega, mas é verdade. Mesmo que você ainda não tenha amigos assim em sua vida, você ainda pode ser esse amigo na vida de outra pessoa. Tomar a iniciativa de permanecer em vez de sair é uma maneira segura de construir esse tipo de comunidade ao seu redor.[12]

Quando os outros vão embora, o amor fica.

Fique com as pessoas quando isso é desconfortável.

---

11 Se você tem esses amigos, não deixe de agradecê-los. Diga a eles que você os ama. Faça da amizade deles uma prioridade. Carregue-os quando não puderem andar!

12 Se você não tem amigos assim, mas os deseja, ore por eles! Ore para que encontre amigos íntimos com quem possa conviver. Peça a Deus por eles. Além disso, coloque-se lá fora. Convide um colega de trabalho almoçar. Convide uma família para sua casa para desfrutar de uma fogueira e doces caseiros. Se eles disserem *não*, convide outra pessoa! Além disso, se você for convidado para algo, apareça. Não arrume desculpa. Não esteja sempre "muito ocupado". Reserve tempo para as coisas que são importantes para você!

É fácil amar os outros quando a vida é fácil. Porém é muito mais difícil quando você não sabe o que dizer ou como ajudar os outros em suas situações. Ficar pode parecer diferente em cada relacionamento, mas descobri que um amor que permanece requer algumas coisas.

Tenha as conversas difíceis. Normalmente fugimos de tudo o que é difícil. Mas permanecer com alguém e amá-la em uma época complicada exigirá muitas conversas difíceis. Faça as perguntas difíceis. Tenha as conversas estranhas. E não vá embora!

Ore. Às vezes, não há nada que você possa fazer por alguém, principalmente em uma temporada difícil. Tudo que você pode fazer é orar. Ore por ele regularmente. Ore *pessoalmente*. Ore sempre que ele vier à mente. Ore, ore e ore ainda um pouco mais.

Fique com essa pessoa. Pessoal e publicamente. Arrisque seu pescoço por ela.

Encoraje. Um dos maiores presentes que podemos oferecer a outra pessoa é o encorajamento. Ajude-a a ver além do hoje. Hoje pode ser uma droga, mas vai melhorar. Quando ela não tiver esperança, dê-lhe esperança. Com Jesus, sempre temos esperança! Então, olhe para Jesus. Aponte outros para Ele. Amanhã, o sol vai nascer!

Finalmente, se possível, ajude essa pessoa a dar o próximo passo. Podemos não ser capazes de resolver tudo, mas podemos ajudar alguém a seguir em frente. Apareça e ajude-a nesse momento difícil, ajude-a a ver qual é o próximo passo e ajude-a a executá-lo!

Essas não são coisas fáceis de fazer (longe disso!), mas cada uma é um ingrediente chave para praticar um amor que permanece com as pessoas, não importa o que elas estejam passando. O amor é rápido em confiar no que sabe ser verdade sobre uma pessoa, em vez de ouvir o que os outros estão dizendo sobre ela. Permanecer é difícil. Ir embora é muito mais fácil, e todos nós sabemos disso. Mas falando por experiência própria, não há nada como ter pessoas em sua vida que ficam, que amam com esse tipo de amor. E realmente, não há nada como amar outras pessoas que são assim também.

• • •

Aprendi muitas coisas durante aquela temporada difícil e realmente, muitas temporadas antes e depois. Foi uma época de poda e, honestamente, foi muito doloroso.[13] Mas uma das maiores coisas que aprendi foi que você pode superar qualquer coisa se tiver alguns bons amigos ao seu redor. Quando você está sofrendo, quando está com medo, quando não consegue chegar até Jesus, você precisa de pessoas que vão pegá-lo e levá-lo até ele — exatamente onde você precisava estar o tempo todo.

Tyler e Travis carregaram minha esteira durante aquela temporada e, na verdade, muitas temporadas antes e depois. Com tudo isso, eles me ensinaram o que a história do paralítico e seus quatro amigos ensinou a tantos de nós: o amor permanece quando todos vão embora. O amor verdadeiro está presente. Ele não recua quando as coisas ficam difíceis. Na verdade, ele trabalha *mais duro*, fazendo o que for preciso, nos arrastando não importa quão grande seja a multidão, não importa quão difícil seja a decisão.

Mesmo que um telhado fique no nosso caminho.

---

13 Ainda há coisas nesta temporada que não entendo totalmente, mas posso dizer honestamente agora que muita coisa boa resultou dela. Oro para nunca ter de experimentar nada parecido novamente, mas posso agradecer a Deus pelas maneiras como Ele me ajudou a superar isso.

6

Laurent

O amor não generaliza

Minha esposa Bec e eu moramos no coração de Sioux Falls — o distrito de Cathedral. Se você voar para a cidade, verá uma grande e velha igreja católica na colina. Estamos a apenas alguns quarteirões de distância dela. Durante algum tempo, esse bairro era o centro da cidade. Lá moravam empresários, políticos e médicos. Mas, à medida que a cidade cresceu, as pessoas mudaram-se para áreas mais novas. O distrito de Catedral foi deixado para trás.

Hoje, as famílias estão começando a se mudar para o bairro.[1] Casas estão sendo restauradas. Algo que espero nunca mude, porém, é a

---

1 Você vive em Sioux Falls e gosta de casas antigas? Mude-se para o distrito de Catedral! É muito melhor do que o McKennan Park. Só para constar.

diversidade do bairro. Se você andar pelas ruas, verá coisas notáveis. Um banqueiro pode morar próximo a um prédio que está caindo aos pedaços. Um médico pode estar falando por cima do muro com uma mãe solteira que pode não ter completado o Ensino Médio. Nossa vizinhança tem uma gama completa de raças, idiomas e origens. É único. É lindo. Não consigo me imaginar morando em outro lugar.

Outro dia, vi uma senhora andando pela vizinhança. Enquanto observava de dentro da minha casa, percebi rapidamente que ela estava tão bêbada que mal conseguia ficar em pé. Eu podia vê-la cambaleando pela calçada conforme ela chegava mais perto. Infelizmente, essa é uma realidade bastante comum. Pelo menos algumas vezes por semana, as pessoas tropeçam nas calçadas.

Apesar de estar completamente intoxicada, ela ainda foi capaz, de alguma forma, de chegar até uma das árvores jovens no meu jardim da frente. Eu plantei um bordo e alguns outros exemplares verões atrás.[2] Ela se abraçou nele para não cair, e a árvore ficou se dobrando até que ela conseguisse recuperar o equilíbrio. Uma vez que ela estava mais estável em seus pés, ela aparentemente decidiu quebrar a árvore — ou pelo menos tentar o melhor que podia. Ela puxou o tronco fino da árvore com toda a força, usando todo o peso de seu corpo, balançando a árvore para frente e para trás com toda força que conseguia reunir.

Bem, eu não tenho certeza exatamente quando isso aconteceu, mas em algum momento eu me tornei um abraçador de árvores. Talvez tenha sido os três anos que passei morando em Kentucky cercado por belas árvores de cem anos de idade, ou quem sabe fosse algo totalmente diferente. De

---

2 "Alguns outros" significa sete árvores de bordo no total. E acabei de plantar mais dois carvalhos. Eu sei, estou com um problema.

qualquer forma, agora sou uma *dessas* pessoas. Eu amo plantas, flores — tudo isso, incluindo árvores.

Principalmente árvores.

De volta para a senhora. Ela balançava e ziguezagueava como uma espécie de lutadora de MMA, torcendo e puxando aquela arvorezinha, tentando quebrá-la e vencê-la. Ela estava sendo um verdadeiro "George Washington", tentando derrubar minha árvore. E eu? Eu estava louco!

Normalmente, meu coração dói pelas pessoas que frequentemente tropeçam nas calçadas de nosso bairro durante o dia. Normalmente sou rápido para dizer *olá* e mostrar gentileza, mas não dessa vez. Enquanto eu a observava puxar e balançar na minha árvore, meu sangue ferveu. *Por que essa senhora bêbada está tentando derrubar a minha árvore?!*

Corri para fora. Havia uma parte de mim que queria gritar, até mesmo jogar algo nela, para fazê-la parar de vandalizar minha propriedade. Mas antes que eu pudesse fazer isso, ela começou a tropeçar. Eu ainda não sentia pena dela. Absolutamente. A única coisa que senti foi raiva. *Afaste-se da minha árvore, senhora bêbada! E não volte!*

Uma hora se passou após a tentativa de ataque de árvores. Eu tinha acabado de começar a acalmar um pouco quando minha filha de oito anos, Grayson, veio até mim.

"Ei, pai. Quer dar a volta no quarteirão e recolher o lixo para se divertir? " (Sim, temos alguns hobbies estranhos na família Weber.)[3] Eu disse sim — embora secretamente não quisesse.

---

3 A cada mês ou mais no verão, as crianças e eu andávamos em torno de nosso quarteirão com sacos de lixo e um carrinho para recolhê-los. Conhecemos vizinhos que nunca teríamos conhecido de outra forma. Isso suja as mãos das crianças no bom sentido. Sempre lembro às crianças que não estamos fazendo isso porque somos melhores do que os outros. É apenas algo que podemos fazer. É nossa

Pegamos nossos sacos de lixo, encontramos o carrinho e começamos a andar pelo quarteirão. Enchemos sacos e mais sacos de lixo: pequenas garrafas vazias de vodka; agulhas usadas; preservativos; cigarros fumados pela metade. Cada coisa que você possa imaginar, nós pegamos.

Eu murmurei enquanto caminhávamos. Eu não estava apenas chateado com a senhora que balançou minha árvore; naquele momento, eu estava com raiva de *todos os* nossos vizinhos que aparentemente tinham a necessidade de deixar nosso quarteirão pior do que o encontraram. Eu estava cansado. Parecia que eu constantemente tinha que recolher o lixo das pessoas que passavam. Eles não sabiam fazer melhor? O que eles pensariam se eu andasse por suas casas e derrubasse meu lixo em *seus* gramados? Será que *eles* teriam pequenas árvores eu poderia atacar aleatoriamente?

O que estava acontecendo em meu coração? As ações de um vizinho em um momento de fraqueza me fizeram duvidar do caráter de todos eles. Uma ação negativa mudou minha opinião sobre todo o bairro. Isso é generalização no seu pior. Eu criei um estereótipo de toda a vizinhança com base em uma pessoa.

Continuamos passando por casas e gramados que refletiam a diversidade do meu bairro. Perto do final de nossa caminhada — apenas algumas casas longe da nossa — um homem idoso, africano, se aproximou lentamente de mim e Grayson. No início, ele falou comigo em francês. Sem saber como responder, eu disse rapidamente: "Somos meio malucos, apenas catando o lixo para nos divertir!"

---

maneira simples de servir e cuidar de nossos vizinhos e do bairro em que vivemos. E, honestamente, é muito bom para a alma. Nosso orgulho não gosta de fazer coisas assim, mas nos lembra que nada está abaixo de nós.

Ele mudou para um inglês quebrado. "Isso não é loucura", disse ele, olhando para nossos sacos de lixo. "Isto é *amor*. É lindo!"

Ele se apresentou como Laurent. Era um vizinho que eu nem sabia que tínhamos, embora sua casa ficasse a apenas três casas da nossa. Depois de apertarmos as mãos, ele sorriu e foi embora.

"Isto é amor. Isto é amor. Lindo, isto é amor. Amor!", ele repetiu baixinho para si mesmo.

Que momento humilhante. Laurent não sabia nada acerca da mulher que tentou quebrar minha árvore, mas ele falou palavras que minha alma precisava ouvir. Laurent me mostrou que o amor não generaliza. O amor não permite que as ações de uma pessoa definam sua visão dos outros. O amor não condena por causa de um incidente. O amor nem sempre gera acolhimento e sentimentos felizes. Às vezes, o amor se parece mais com recolher o lixo de pessoas que parecem indignas desse ato de serviço.

As palavras gentis e inesperadas de Laurent tiraram meus sentimentos agudos de raiva, substituindo-os por uma nova ideia de amor e uma visão renovada de como amar as pessoas ao meu redor.

· · ·

Embora Jesus nunca tenha tentado atacar sua árvore favorita (ou talvez alguém tenha tentado e nós simplesmente não soubemos sobre isso), Ele sabe uma ou duas coisas sobre um amor que não se generaliza.

Uma das histórias mais conhecidas de todos os tempos é sobre uma mulher apanhada em adultério.[4] Naquela época, trair o marido era uma ofensa punível com a morte. Acho que a maioria concordaria que

---

4   Esta história sobre a mulher adúltera e Jesus está em João 8:1-11, que parafraseei.

trapacear não é uma coisa boa — mas punir esse ato com a morte? Isso é um pouco duro! Um grupo de pessoas agarrou a mulher e a levou até Jesus, lembrando-lhe que a lei judaica da época dizia que ela merecia a morte e, portanto, deveria ser apedrejada por esse crime.

Tentando encurralar Jesus, as pessoas perguntaram: "O que o Senhor acha que deveria acontecer com ela?" Eles esperavam que Jesus dissesse algo contrário à lei. Mas, em vez de responder, Ele se abaixou e escreveu algo na areia com o dedo.[5]

O grupo de homens continuou querendo uma resposta, então, finalmente, Jesus se levantou e disse a eles: "Tudo bem, então que aquele que nunca pecou atire a primeira pedra!"

Ninguém se mexeu. Ninguém jogou uma pedra. Em vez disso, um por um, aqueles que ouviram suas palavras começaram a se afastar, deixando Jesus sozinho com a mulher. Cada um deles sabia que tinha errado em um ponto ou outro, e Jesus os levou a se lembrar isso. Como meus filhos diriam, "Saíram entre um quente e dois fervendo!"

Depois que todos foram embora, Jesus voltou-se para a mulher e perguntou: "Onde estão os seus acusadores? Nem mesmo um deles condenou você?"

"Não, Senhor."

"Nem eu. Vá e não peque mais."

Jesus não assumiu ou generalizou. Ele não precisava. Ele viu o melhor dessa mulher, mesmo quando a multidão viu apenas o pior. Em vez de vê-la como uma pessoa, as pessoas que a acusavam baseavam todos os seus pensamentos em uma decisão embaraçosa que ela havia tomado,

---

5   Um movimento casual. Eu só queria que pudéssemos saber o que Jesus escreveu na areia naquele dia.

assim como eu resumi toda a vida de uma mulher por uma ação e não apenas sua vida, mas a vida de todos meus vizinhos também. O amor de Jesus, por outro lado, não apresenta condições. Não generaliza com base na pior versão de uma pessoa ou na coisa mais vergonhosa que ela fez. Em vez disso, o amor busca o melhor, vendo o que há de bom. Jesus olhou para a mulher como uma filha de Deus. Ela cometeu um erro, mas não foi definida por ele.

É possível que a mulher tenha deixado Jesus naquele dia apenas para sair e trair o marido novamente. As pessoas vão decepcionar você, mas essa possibilidade não mudou a maneira como Jesus a viu e a tratou quando falou com ela. Ou muito provavelmente, porém, a mulher não voltou a trair o marido; meu palpite é que ela foi mudada. Jesus a amava muito. Tão inesperadamente. Eu gostaria de pensar que ao ver o melhor nela, Ele a fez querer se tornar a mulher que Jesus sabia que ela poderia ser. Jesus viu a melhor versão dela. Ele escolheu basear seu amor no melhor, não no pior dela.

Jesus não generalizou.

. . .

É fácil ficar chateado e julgar uma pessoa com base naquilo que magoou você. A única vez vocês se cruzaram e não foi nada bonito. A única ação que o deixou louco. Foi o que fiz naquele dia com a senhora que tentou bater com o corpo na árvore do meu jardim. Isso é o que a multidão de pessoas fez com a mulher traidora. Eu deixei que a única ação da senhora da árvore impactasse a maneira como eu a via e, por algumas horas, deixei que impactasse a maneira como vi todo um grupo de vizinhos. Você já fez isso? Já baseou seus pensamentos sobre um grupo de pessoas nas ações de apenas um? Já generalizou? Eu estava com raiva de todos os meus vizinhos, que — na minha opinião irracional — estavam bagunçando toda a vizinhança, não apenas uma senhora.

Mas só porque a senhora atacou minha árvore, não quer dizer que todos os meus vizinhos andam lutando MMA contra as árvores dos outros. Em vez disso, a maioria é como Laurent, o homem que aprecia a beleza de recolher algum lixo. Eles me lembram como meus vizinhos são pessoas maravilhosas.

Quando praticamos um amor que não generaliza, acabamos vendo as pessoas pelo que realmente são, não pelo que presumimos que sejam. A vida é muito mais interessante assim, quando não pintamos as pessoas com aquele pincel largo de generalização. A generalização aos poucos nos torna cegos para todas as pessoas e as coisas únicas e impressionantes sobre elas.

Numa época em que grande parte de nossa cultura está repleta de pensamentos generalizados em preto e branco, esse tipo de amor é radical. Isso nos diferencia das vozes falantes que vemos na TV e ouvimos on-line. Isso faz com que nos recusemos a seguir o caminho mais fácil e verdadeiramente vemos os outros, assim como Jesus fez naquele dia quando escreveu na areia, recusando-se a ver a mulher como apenas mais uma pecadora e, em vez disso, viu-a como a pessoa que ela realmente era. Sim, ela estragou tudo, mas sua história não estava terminada ainda!

Às vezes, praticar um amor que não generaliza começa com nossas ações, sabendo que nosso coração seguirá esse caminho. Comecei a recolher o lixo com minha filha, e meu coração seguiu. Meu coração mudou com um pouco — certo, muita — ajuda de Laurent e minha filha de oito anos.

Jesus não precisava fazer nada fisicamente para sentir amor pela mulher apanhada em adultério, afinal, seu amor é perfeito. Ele, porém, foi um exemplo dessa prática de ação direta de amar a melhor versão de alguém, não a pior, para nós. Mesmo que não estejamos "sentindo", quando começamos a fazer algo por outra pessoa, nosso coração muitas vezes chega a um ponto em que genuinamente amamos as pessoas pelo melhor que elas têm a oferecer, sem conformar com a generalização que temos em nosso entendimento.

Você está lutando para se concentrar na melhor versão das pessoas, e não na pior? Está lutando para realmente ver as pessoas? Lembre-se de todas as vezes que você errou. Posso olhar para trás em qualquer semana e ver todas as vezes que baguncei as coisas. Eu só espero que as pessoas não resumam quem eu sou e generalize outras pessoas como eu (homens, pastores, pais) com base na pior versão de mim mesmo.

Na Bíblia, outros cristãos são chamados de "irmãos e irmãs" — portanto, trate as pessoas como irmãos e irmãs.[6] Você não acredita no pior a respeito de seu irmão ou irmã. Pelo menos você não deveria. Em vez de acreditar no pior de alguém, olhe além da superfície e veja se há algo mais profundo acontecendo. Pergunte. Experimente e descubra mais sobre a história de uma pessoa.

Abstenha-se de generalizações e do pensamento preto e branco em geral. Ninguém (e nenhum grupo de pessoas) é totalmente bom ou totalmente mau. Quase sempre estão em algum ponto intermediário. Gostamos de generalizar e rotular as coisas. Gostamos de colocar as pessoas em pequenas caixas, mas não podemos e não devemos fazer isso.

---

6 A menos que você trate mal seus irmãos e irmãs!

As palavras gentis de Laurent — "isto é amor" — me mostraram que Deus pode me usar para amar bem os outros em qualquer circunstância, mesmo quando estou fazendo isso de má vontade, como fazia a limpeza do bairro. Você pode não ver ou nem mesmo perceber, mas Deus está usando você agora mesmo para amar outras pessoas.

Quanto mais amamos os outros, mais Deus moldará nosso coração para se parecer com o dele, para procurar as coisas que Ele procura nos outros. O amor não procura os erros de uma pessoa. Em vez disso, como Jesus, ele nota e celebra o que há de melhor dentro dessa pessoa.

O amor não generaliza. Realmente *vê*.

Assim também deveríamos.

7

Brett

O amor cura
por meio de pessoas improváveis

B rett e eu nos conhecemos há anos, mas, sinceramente, parece que ele conhece quase todo mundo há anos.[1] Não importa o ambiente em que esteja, as pessoas são atraídas por ele.

Brett é um cara que está disposto a tentar tudo e qualquer coisa — esquiar, participar de lacrosse,[2] andar a cavalo, praticar canoagem,

---

1 Lembre-se, vivemos em Dakota do Sul. Lá não há muitas pessoas, e a maioria de nós somos primos.

2 Jogo de origem indígena norte-americana (Canadá), semelhante ao hóquei, em que os jogadores (dez de cada lado, geralmente) utilizam uma espécie de bastão longo com uma rede frouxa na extremidade para apanhar, conduzir ou arremessar

hóquei, entre outros. Além de andar a cavalo, nunca fiz nada disso sozinho.[3]

Mas, mais do que tudo, Brett é alguém que admiro, respeito e aprecio muito.

Algo mais para saber sobre Brett? É quase uma nota de rodapé para mim: ele tem estado em uma cadeira de rodas durante toda a sua vida.

Nasceu com paralisia cerebral, o que limitou o uso dos braços e das mãos. Ele tem alguma força, mas não tem equilíbrio. Sua fala é arrastada. Mesmo depois de anos conhecendo Brett, muitas vezes tenho que pedir a ele que repita as frases para que eu possa entendê-lo. Às vezes, ele precisa repetir uma frase algumas vezes. Fisicamente, seu corpo está quebrado. As coisas não funcionam como deveriam.

Outra parte da história de Brett? Sua mãe biológica, por ser jovem e não ter condições de sustentar um filho, entregou-o para adoção.[4] Ele

---

uma bola de pequenas dimensões ao longo do campo ou em direção à meta. (Fonte: *Dicionário Houaiss* [(N. do T.])

3 Eu andei a cavalo apenas uma vez, no Vale do Rancho Perdido, no Colorado. Infelizmente, Deus não projetou meu corpo para isso. Não sou muito flexível e me esforcei para colocar minhas pernas em volta de cima do animal. Um vaqueiro chamado Bobby precisou me tirar de cima do animal como você faz com um menino de um ano de uma cadeira alta. Um dos momentos mais humilhantes da minha vida. Ainda estou dolorido dois anos depois. Obrigado por me tirar do sério, Bobby.

4 Recentemente, Brett me disse que completou um exame de DNA na esperança de descobrir mais informações sobre seu passado. Por meio de uma correspondência de família no ancestry.com, descobriu quem é seu pai biológico. Nervosamente, ele estendeu a mão para ele. Quando Brett me mandou uma mensagem com a notícia de que havia encontrado seu pai biológico, ele incluiu uma foto. A semelhança era tão forte que a princípio pensei que Brett estivesse brincando comigo — algo que não seria uma surpresa se você o conhecesse. Tirando o fato de Brett ter paralisia cerebral, os dois são gêmeos quase idênticos. Brett e seu pai biológico agora se conectaram e desenvolveram um relacionamento. Dois meses depois de conhecer seu pai biológico, Brett foi

foi adotado por um casal incrível de pais que não sabiam que ele tinha paralisia cerebral até Brett ter alguns meses de idade. Eles começaram a perceber que ele não era capaz de fazer coisas que outros bebês podiam, mas isso não mudou nada para eles — eles continuaram a amá-lo. Até hoje, os pais de Brett são uma parte ativa da vida diária e da programação dele, embora ele agora tenha 38 anos.

Se por acaso houvesse uma pessoa com uma desculpa para desistir, ter com raiva de Deus ou, pelo menos, ficar perdida ao longo da vida, essa pessoa seria o Brett. Mas se assim fosse,então Brett não seria *Brett*. Em vez disso, ele vive cada dia ao máximo. Onde outros veriam obstáculos, Brett vê oportunidades.

Ele é um porta-voz que viaja por todo o estado, falando em nome de outras pessoas com deficiência.

Começou um negócio.

Formou-se em uma universidade com honras.

Atua em conselhos.

Joga em times esportivos.[5]

Mas, mais do que tudo, ele *ama as* pessoas e sua alegria é impossível de se perder.

---

contatado e teve a oportunidade de conhecer sua mãe biológica. Eles também mantêm contato agora. Nunca deixo de me surpreender com essa jornada que chamamos de vida.

5 Brett se formou no Southwest Minnesota State com um diploma em recreação terapêutica. Ele já jogou softball sem deficiência, softball em cadeira de rodas, tênis em cadeira de rodas, power soccer (futebol em cadeira de rodas), power hockey (hóquei em cadeira de rodas) e hóquei em trenó (hóquei em cadeira de rodas no gelo).

Ao longo dos anos, Brett me desafiou a não jogar pela vida com segurança. A assumir riscos. Sair. A ver oportunidades e ignorar limitações. A ser usado por Deus.

Recentemente, nos encontramos no Josiah's, um dos meus locais favoritos para almoçar no centro da cidade.[6] Ajudei Brett a usar rampas para entrar no prédio. Fiz seu pedido, sabendo que a pessoa atrás do balcão teria dificuldade para entender suas palavras. E quando chegamos à nossa mesa, cortei sua comida e coloquei um canudo em sua bebida.

Para qualquer um que estivesse assistindo, Brett parecia ser a pessoa inválida que precisava de ajuda. Mas eles não sabiam que eu era a pessoa inválida — aquela que precisava de ajuda, que precisava ser curada.

Brett perguntou como eu estava naquele dia e contei que estava passando por um período difícil, uma temporada de incertezas e dores enquanto enfrentava uma série de sustos com a saúde de meus pais, além de um período muito agitado no trabalho. Sentia-me muito arrebentado. Ele ouviu e ouviu e *ouviu*. Depois de não dizer nada por um tempo, Brett falou palavras de verdade em minha vida que nunca esquecerei:

"Adam, você é tão amado."

"Adam, Deus está usando você."

"Adam, Deus é confiável."

---

6 Se você já passou por Sioux Falls, o Josiah's seria uma parada obrigatória. Excelente café e lanche ainda melhor. O prédio foi demolido há mais ou menos um ano, e agora é difícil acreditar que o restaurante era uma loja de transmissão nojenta não muito tempo atrás. Não são muitas as pessoas que "balançam a cabeça por Sioux Falls" aleatoriamente, mas para quem está lendo isso, você é bem-vindo!

No final, Brett disse: "Quando fazemos as coisas do nosso jeito, elas nunca funcionam. Mas quando fazemos as coisas do jeito de Deus, elas vão muito melhor". Isso é uma grande verdade!

Não precisei ouvir um grande discurso, apenas algumas palavras simples. Palavras que eu precisava tanto ouvir naquele dia, e, na verdade, todos os dias desde então. As palavras de Brett iniciaram uma mudança que começou a modificar minha visão. Lentamente, muito lentamente, fui *deixando* de ficar com raiva de Deus — questionando Ele e seu plano, perguntando: *Por que o Senhor deixaria isso acontecer?* — passei a perceber que eu estava tentando fazer as coisas do meu jeito, remando contra a corrente, e isso não estava funcionando.

Brett é limitado e eu sou saudável, ou pelo menos era o que parecia do lado de fora naquele dia. Por dentro, porém, Brett era o forte e eu era o que precisava de ajuda. Claro, eu ajudei Brett a passar pela porta do restaurante, mas na realidade foi ele quem abriu a porta para mim — uma porta para uma nova maneira de ver a mão de Deus em minhas circunstâncias. Ajudei Brett a pedir sua refeição e almoçar, mas ele me ajudou a encontrar Deus em minha bagunça. Eu nunca vou ser capaz de retribuir isso. Apesar de todas as suas deficiências, Brett me amou ao revelar minha própria fraqueza e me ajudar a iniciar o processo de cura.

. . .

Havia uma pessoa que Jesus encontrou que era diferente de todas as outras. Muitos se aproximaram de Jesus para serem curados, para ouvir seus ensinamentos, ou para estar perto dele, mas apenas uma pessoa veio a Jesus depois que Ele foi crucificado — um homem chamado José, de uma cidade chamada Arimateia.

Agora, antes de prosseguirmos, precisamos lembrar que, embora Jesus fosse humano e andasse na terra, ele também era totalmente divino. Deixe-me repetir: Jesus é Deus! Sagrado. Separado. Ao contrário de *qualquer* outra pessoa.

Jesus é o Criador. Ele não tem começo nem fim. Não é apenas um rei, mas o Rei dos reis. Não é apenas um senhor, mas o Senhor dos senhores. Ele caminhou sobre as águas, curou pessoas, acalmou tempestades, trouxe os mortos de volta à vida.

José era um homem. Jesus é Deus, o Filho do homem.

José tinha uma posição poderosa. Jesus é onipotente (além de onisciente e onipresente).

José sabia sobre a verdade. Jesus *é* a verdade.

Mas Jesus morreu. Seu corpo sem vida estava pendurado na cruz, e seu corpo teve que ir para o túmulo. Certamente o Rei dos reis e o Senhor dos senhores teria uma legião de anjos que de forma sobrenatural carregariam seu corpo para o túmulo, certo? Um desfile real não o levaria até lá? Não. Sem anjos, sem desfile, apenas uma pessoa. Um homem que também fazia parte da mesma multidão que levou Jesus a ser morto anteriormente.

Esse homem chamado José foi quem levou o corpo de Jesus ao seu lugar de descanso "final". No entanto, a improbabilidade da situação (um homem simples cuidando de um Deus todo-poderoso) não impediu José de vir e ministrar a Jesus. Jesus tinha acabado de morrer uma morte horrível e José queria ter certeza de que seu corpo seria cuidado com dignidade. José viu o corpo alquebrado de Jesus e quis ajudar.

Quando você começa a entender completamente o poder que Jesus tinha por ser Deus, percebe que José era uma pessoa improvável para enterrar seu corpo. Quando Jesus foi abandonado por todos, quando Ele estava totalmente ferido e morto, os anjos não apareceram. José chegou até Ele. Isso é inesperado.

José, esse homem improvável, interveio. Ele desempenhou um papel no plano maior de Deus para a ressurreição de Jesus. José corajosamente se aproximou de Pilatos, o governante romano, e pediu o corpo de Jesus, e Pilatos permitiu que ele o levasse para ser enterrado.

Agora, ouça o que José fez a seguir: "Então ele o desceu, envolveu-o em um pano de linho e colocou-o em uma tumba escavada na rocha, na qual ainda não havia ninguém".[7]

Talvez você deva ler esse versículo mais uma vez.

José, que era apenas uma pessoa voluntária, talvez nem mesmo um dos seguidores de Jesus no momento da sua morte, foi até a cruz, tirou o corpo de Deus de onde estava pendurado, envolveu-o em um pano limpo e o enterrou em uma nova tumba. Alguns relatos até sugerem que aquela era a própria tumba de José, reservada para seu enterro.

José, uma pessoa muito improvável, ministrou a Deus pessoalmente.

• • •

Não importa quem você seja, em algum momento você estará quebrado. Até o Filho de Deus foi quebrado. Até o Filho de Deus morreu. Você também sentirá sua humanidade. Você se sentirá a pessoa mais improvável que já foi usada por Deus. Talvez você seja quebrado de pequenas maneiras aqui e ali, ou de grandes maneiras. Coisas das quais você tem certeza de que nunca se recuperará totalmente. Até mesmo

---

7   Lucas 23:53.

Jesus precisava de alguém para cuidar dele quando Ele estava quebrado. Você também precisa de alguém para cuidar de você, não importa o tipo de quebra que esteja enfrentando.

Quer seja você um pastor, professor, conselheiro, pai, líder ou qualquer outra coisa, você é um ser humano com alma. Recentemente, tomei um café com um importante líder da cidade. Depois de uma conversa despretensiosa, ele disse: "Todo mundo espera que eu seja perfeito o tempo todo, e eu sou tudo menos isso. Por meses, tenho lutado contra a depressão, e isso é constrangedor! Adam, é por isso que estou entrando em contato com você." Em algum ponto, todos nós precisamos que outros cuidem de nós. E quando você precisar de cuidados, assim como Jesus fez, Deus frequentemente usará pessoas improváveis para servi--lo em sua hora de necessidade.

A pessoa que pode parecer improvável e quebrada — como meu amigo Brett — pode realmente ser aquela que pode ajudar, enquanto a pessoa que parece inteira e "qualificada" pode, na verdade, ser aquela que *precisa de* ajuda.

Brett estava em uma cadeira de rodas e precisava de ajuda para almoçar. Alguns diriam que ele é a própria definição de inválido quebrado, mas ele ministrou para mim. Brett curou a *minha* dor e o *meu* coração cansado, durante aquele almoço de uma hora. Ele curou, não apesar de seu estado de invalidez, mas por causa disso.

O amor cura por meio das pessoas mais improváveis.

Ninguém é mais qualificado para amar do que uma pessoa improvável. Na verdade, nossas "desqualificações" passadas ou presentes nos colocam em uma posição mais provável de sermos relacionados com os outros. Somos melhores em reconhecer a dor em seus olhos. Quando uma pessoa percebe que não somos perfeitos — e longe disso —, ela está muito mais disposta a confiar e acreditar em nós. Aprenda uma lição com meu amigo Brett: a vida é muito curta para jogar pelo que é seguro. Mesmo que você se sinta improvável, dê um passo à frente. Assuma riscos. Pratique um amor que cura das formas mais improváveis. Nove em cada dez vezes, essas limitações o tornam mais qualificado para amar, não menos.

Mas como podemos amar quando nos sentimos tão improváveis de sermos usados? Comece a perceber que Deus não cria acidentes. O que quer que tenha acontecido com você, seja qual for a sua história, Deus quer usar isso! Se Deus causou algo ou simplesmente permitiu que acontecesse, Ele sabia disso muito antes de você. Ele não apenas pode usá-lo, mas deseja usá-lo para o seu bem e para o bem dos outros.

Frequentemente, para que Deus use nossa improbabilidade, precisamos começar parando. Pare de culpar os outros por onde você está. Pare de sentir pena de si mesmo e comece a pisar fora do quadrado. Culpar os outros e sentir pena de si mesmo aniquilará todas as maneiras como o Senhor deseja usá-lo. Em vez de ser usado por Deus, você simplesmente permanecerá zangado com Ele, incapaz de ver o bem que pode advir de sua história.

Quando você começar a sair do lugar comum, começará a procurar maneiras de combinar sua área mais profunda de improbabilidade em um ministério ou grupo de pessoas que precisam ouvir de você. Vai dizer a eles como você parou — parou de reclamar, parou de sentir pena de si mesmo, parou de culpar a Deus — para que pudesse começar a viver novamente.

Portanto, ao pensar na sua falta de semelhança, na sua fraqueza, nas suas feridas, na sua dor, nos seus fracassos, pergunte-se: *Como posso usar o que parece ser fraqueza, ferida ou mesmo algo improvável para curar os outros como Jesus o faria?* Quando você responder a isso, estará vivendo como Brett e José.

O amor cura por meio das pessoas mais improváveis. E sempre foi assim.

8

Rick e Val

O amor consola
através do pior momento

Quando eu estava no segundo ano do Ensino Médio, minha família mudou de igreja e Tara foi uma das primeiras pessoas que conheci em nossa nova igreja. Naquela época, eu não queria ter nada a ver com Deus e estava contando os domingos até entrar na faculdade e não ter mais que ir à igreja. Mas Tara era divertida e legal. Ela e os amigos com quem ela saía eram tão diferentes de todas as outras pessoas que eu conhecia, e eu queria saber mais.[1]

---

[1] Fui ao baile com a Tara um ano. Acho que meu cabelo era maior que o dela. Por alguma razão estranha, passei por uma temporada de crescimento do meu cabelo como um grande arbusto na minha cabeça. Toda vez que vejo uma foto daquele

Logo Tara começou a me convidar para sair com um grupo de amigos que normalmente se reunia na casa de sua família. Cada vez eu ficava emocionado por ser incluído. Parte de mim ainda se sentia como aquela criança impopular do ensino fundamental, então toda vez que era convidado para algum lugar, eu dizia que sim!

Sempre que ia para a casa de Tara, a noite começava no porão com todos os outros alunos do ensino médio da minha idade; então, em algum momento, eu costumava subir escada acima para falar com os pais de Tara, Rick e Val. Não tenho certeza da razão, mas havia algo sobre eles que me atraía.

Rick era um superintendente muito respeitado na escola local. Minha mãe era uma diretora associada no mesmo distrito e praticamente adorava o chão em que ele pisava. Ela adorava trabalhar para uma pessoa tão honesta e encorajadora. Eu costumava ver Rick em sua corrida matinal pela cidade, correndo o que parecia ser uma maratona antes mesmo que a maioria das pessoas estivesse fora da cama! Eu só esperava um dia ser tão afiado e respeitado quanto ele. (Talvez no céu, quando eu receber um novo corpo celestial, serei um corredor?[2])

Val era divertida e exagerada. Ela não se importava com quem você era ou de onde você vinha; ela amava a todos. Sua personalidade era contagiante. Ela falou sobre Jesus como se Ele estivesse fisicamente na sala — algo que eu nunca tinha experimentado antes.

---

baile, me pergunto por que alguém não me amou o suficiente para me dizer que eu devia cortar o arbusto do topo da minha cabeça!

2   É estranho sonhar acordado com o corpo celestial que terei um dia? Uma cabeça cheia de cabelo e pele que se bronzeia com um lindo tom dourado cor marrom. Serei capaz de correr como uma gazela, e não haverá nem mesmo necessidade de uma máquina de lavar em minha casa — meu abdômen de tanquinho fará o trabalho muito bem.

Rick e Val eram doadores de vida. Eles me mostravam que uma pessoa pode amar Jesus e se divertir muito fazendo isso. À primeira vista, presumi que a vida deles era perfeita, mas depois de conhecer Tara melhor, logo descobri que a imagem que eu tinha de toda a família não era a história completa. Enquanto Val ainda estava na faculdade, ela engravidou de Tara. O pai de Val, Gordie, era o treinador de basquete da mesma faculdade — uma faculdade cristã.[3] Gordie também foi o cara que ajudou a trazer a Fellowship of Christian Athletes para o estado de Dakota do Sul. Em termos locais, ele era de grande interesse no mundo cristão.

Ficar grávida na faculdade, principalmente naquela época, era desaprovado para a filha de qualquer pessoa, quanto mais para a filha de um conhecido treinador e líder cristão. Val não esperava a gravidez e não estava preparada. Ela estava com vergonha de engravidar e não estava pronta para ser mãe. Secretamente ela esperava não levar a gravidez em frente, mas o fez, e por isso eu sou muito grato. Se não fosse por Tara, eu não teria conhecido Rick e Val — e honestamente, minha vida seria bem diferente do que é hoje.

Val era uma jovem mãe solteira de 20 anos quando encontrou Rick. Sem hesitar, ele entrou em cena, casou-se com Val e se tornou o pai de Tara. Até hoje, a história de sua família ainda é uma das minhas favoritas. Uma gravidez não planejada e a adoção de Tara não eram os únicos solavancos que Rick e Val encontrariam juntos.

· · ·

---

3 Dakota Wesleyan University em Mitchell, Dakota do Sul. Casa do único palácio do milho do mundo. Quem não quer ter um palácio de milho em sua cidade?

106 | O Amor tem um nome

O colégio passou para mim, depois a faculdade. Conheci e casei-me com minha esposa Bec, e por algum motivo decidi que queria ser pastor. (Ainda estou um pouco chocado com o que faço por um trabalho, só para ser honesto.) Decidi ir para o seminário em Kentucky. Bec e eu não tínhamos ideia de como iríamos sobreviver. Mal estávamos cobrindo o custo básico da escola, gasolina e comida, e tínhamos muito pouco extra, quase nada. Recém-casados, eu era estudante em tempo integral, enquanto ela trabalhava meio período ganhando um salário mínimo.[4] Foi uma época maravilhosa da vida, mas o constante estresse financeiro era uma nuvem que parecia nunca ir embora.

No início de nosso tempo em Kentucky, meu carro precisava do conserto de freios. Tentei ficar sem consertá-los, mas só até agora é possível fazer isso com freios ruins em estradas vicinais sinuosas de Kentucky. Tivemos que reduzir ainda mais nossos gastos. Porém um dia, do nada, recebemos uma carta pelo correio de Rick e Val. Dentro havia um cheque de cem dólares. Bec e eu agradecemos a Deus — então praticamente corremos para o supermercado.[5] Que bênção inesperada! Não podíamos acreditar!

Mas não acabou. Chegou o mês seguinte. Recebemos outra carta inesperada de Rick e Val com mais cem dólares. No próximo mês também — e no outro. E assim por diante.

Foi assim todos os meses, durante três anos.

---

4 O primeiro emprego de Bec foi trabalhar na Solomon's Porch em Wilmore, Kentucky. Ela também trabalhou para um oftalmologista chamado dr. Dito. Seu último trabalho em Kentucky foi trabalhar na recepção do seminário. Seu número de telefone do trabalho era fácil de lembrar: 1-800-2-Asbury.

5 Minha coisa favorita para comprar em uma mercearia do Kentucky? Um pacote de seis de garrafas Ale-8-Ones (refrigerante típico do Kentucky). Tão bom! Se você não gosta, continue bebendo até que acabe gostando. É uma bebida de alta categoria.

Durante esse mesmo tempo, Rick e Val foram abalados pela tragédia. O filho deles, que na época era calouro no colégio, um dia estava dirigindo com um amigo, parou em uma placa de pare, olhou para os dois lados e saiu para a rodovia, sem ver uma motocicleta carregando um homem e uma mulher. A motocicleta atingiu o carro do filho de Rick e Val, e ele foi morto. Uma tragédia como essa afeta cada vida envolvida, não importa quem ou onde eles estavam no momento.

Anos se passaram e Bec e eu acabamos em Sioux Falls para iniciar o ministério Embrace. Pouco tempo depois, Rick e Val também se mudaram para Sioux Falls e estavam procurando uma igreja. A Embrace realmente não tinha ninguém da idade deles. Nossos "velhos" estavam na casa dos quarenta, enquanto Rick e Val estavam na casa dos cinquenta. Antigos, certo? Eu estou brincando. Não consegui me encontrar com eles tão rápido o suficiente.

"Não se sinta pressionado a comparecer", disse eu, "mas adoraríamos recebê-los. Vocês não precisam fazer nada. Aos domingos, basta entrar e ficar na nossa porta de entrada para que outras pessoas 'mais velhas' possam sentir que pertencem a este lugar. Vocês serão como missionários para pessoas da sua idade!"

Rick e Val começaram a vir — e imediatamente trouxeram seus amigos! Outros na casa dos cinquenta e acima podem se relacionar com eles. Acontece que eles eram missionários, não apenas para pessoas de sua idade, mas para todas as idades. Sua abertura e sabedoria os tornavam o tipo de pessoa que os outros gostariam de ter por perto. Ao longo dos anos, Rick e Val se encontraram com mães solteiras, jovens casais lutando com o casamento, pais e todos os outros. Eu digo a quase todos que querem ouvir, especialmente aqueles que estão passando por um momento difícil na vida: "Você precisa se encontrar com essas pessoas. Faça tudo o que puder para se encontrar com elas. Pague pelo café, pela refeição. Você ficará melhor se encontrar com Rick e Val!".

Alguns anos se passaram e outra provação veio rasgar a vida deles. Rick continuou a galgar todas as carreiras imagináveis na educação, indo de superintendente de uma grande escola a secretário de educação do estado de Dakota do Sul, a reitor de educação da Universidade de Dakota do Sul. Ele se tornou um consultor, desejando ajudar e compartilhar sua experiência com outras pessoas.

Tudo estava indo bem, até que a tragédia aconteceu. Rick não fez nada de errado, mas um de seus clientes estava roubando dinheiro. Esse homem acabou tirando a própria vida — junto com a vida de toda a sua família. Foi chocante. Horrível. Comovente.

Claro, isso foi notícia. A história estava em toda parte. Um dos maiores veículos de notícias trouxe o nome de Rick para a história. Em questão de horas, ele estava vinculado a esse evento horrível. Seu nome era citado diariamente. Semanas se transformaram em meses e meses se transformaram em anos, mas a história não foi embora, e Rick passou de uma das pessoas mais respeitadas do estado para um indivíduo cercado de polêmica. Amigos e conexões de longa data foram embora. Oportunidades desapareceram. Sua reputação e a de sua família estavam agora em destaque.

Mal sabia eu, mas uma provação estava para acontecer no meu caminho.

Embora não seja nada que possa ser comparado ao que Rick passou, eu também passei por uma temporada em que meu caráter e reputação foram questionados: o verão em que Tyler e Travis me mostraram como o amor permanece. Como eu disse antes, muitas das coisas que foram compartilhadas sobre mim simplesmente não eram verdade. Estando em um lugar de liderança, eu realmente não podia dizer nada, e tentar me defender só teria piorado as coisas.[6] Pessoas que conheci, servi e amei por mais de dez anos saíram de minha vida sem fazer uma única pergunta, sem querer saber se havia mais coisas nessa história. Eu estava devastado. Como alguém que só quer fazer o bem e ajudar as pessoas, fiquei sem palavras quando outras pessoas questionaram o que parecia ser o básico sobre mim.

Durante todo esse tempo, Rick e Val estiveram comigo. Vez após vez, aos domingos e ao longo da semana, nós nos cruzávamos e eles me encorajavam.

"Adam, mantenha a cabeça erguida!"

"Você está no caminho certo."

"Qualquer pessoa em uma posição de liderança já passou ou passará por algo assim."

"Não deixe a amargura tomar conta de você."

"Estamos do seu lado!"

Numa manhã específica, Rick compartilhou comigo: "Embora você não possa controlar sua reputação, você pode controlar seu personagem! Concentre-se nisso".

---

6 Durante esse tempo, em vez de tentar compartilhar meu lado da história com quem quisesse ouvir, eu realmente senti que deveria ficar quieto, a menos que alguém se aproximasse e me fizesse uma pergunta. Se eles perguntassem, eu responderia abertamente às suas perguntas. Mas se eles não perguntassem, eu não diria uma palavra, mesmo se soubesse que eles tinham ressentimentos por mim. Olhando para trás, estou muito feliz por ter escolhido essa abordagem. Arrependimento zero. Deus não honra a fofoca e é nosso grande defensor!

110 | O Amor tem um nome

Rick e Val me mostraram como é o amor em meio ao pior que a vida pode trazer. Em vez de fugir para se proteger, o amor se abre e nos conforta quando estamos no meio de toda essa crise. Isso é o que Rick e Val fizeram por mim, e é assim que eles viveram a vida deles — não apesar do pior, mas *por causa* do pior que passou por eles.

. . .

Uma pessoa que escreveu grande parte da Bíblia foi um homem chamado ele. Ele construía tendas para viver.[7] Além de escrever uma parte da Bíblia (não é grande problema), ele foi usado poderosamente por Deus para espalhar as novas sobre Jesus a qualquer pessoa que quisesse ouvir.

Paulo estava caminhando em uma estrada para um lugar chamado Damasco, quando do nada foi cegado por uma luz, como um cervo pelos faróis. O semáforo não estava se aproximando, no entanto; foi Jesus. Até esse ponto, Paulo não era apenas um cristão; ele estava ativamente matando cristãos.

Paulo deixou de matar cristãos para convidar pessoas para *se tornarem* cristãos. Tudo por causa de seu encontro com Jesus ressuscitado. Paulo continuaria escrevendo cartas para diferentes igrejas. Quase no início de sua carta à igreja na cidade de Corinto, ele escreveu o seguinte sobre Jesus: "Ele nos consola em todas as nossas angústias para que possamos consolar os outros".[8]

A palavra *angústias* aqui também pode a ser traduzida como "provações". Quando Paulo fala essas palavras, ele não está falando apenas

---

7   Antes de me tornar pastor, entreguei flores. Vou deixar você julgar entre mim e Paulo qual dos dois tinha o melhor trabalho.

8   2Coríntios 1:4.

sobre ter um dia ruim ou lidar com o trânsito no caminho para o trabalho. Ele está falando sobre as provações que enfrentou que quase terminaram em morte — estar em um naufrágio, ser espancado e jogado em uma prisão romana, só para citar alguns.

A maioria de nós já teve seu próprio naufrágio metafórico.

Talvez você tenha lutado contra o câncer.

Talvez você tenha sofrido um acidente de carro que quase lhe tirou a vida.

Talvez você tenha perdido um dos pais ou um amigo próximo.

Talvez tenham espalhado boatos sobre você que não eram verdadeiros.

Talvez você tenha experimentado o pior da vida em primeira mão.

Mas, grande ou pequena, muitas vezes somos tentados a diminuir a dor. Pensamos: *não devo reclamar do caso do meu marido enquanto outras pessoas estão morrendo. Não devo falar em perder meu emprego quando tenho saúde perfeita e há outros que não. Eu não deveria ficar chateado por alguém me machucar quando um cara como Paulo foi fisicamente espancado por sua fé.*

Felizmente, porém, Paulo não apresenta quaisquer qualificações sobre Deus para nos confortar. Nossas provações não precisam ser tão altas quanto um "dez" para que Deus nos ofereça seu conforto. Em vez disso, em todos os nossos problemas e provações, em todas as nossas dores e feridas, Deus nos consola.

Deus não diminui nossa dor. Ele nos encontra nela.

Paulo continua nos contando mais. Deus não apenas nos consola em nossas provações, mas essas provações também têm um propósito: "Ele nos consola em todas as nossas tribulações *para que* possamos consolar os outros. Quando eles estiverem com problemas, seremos capazes de dar-lhes o mesmo conforto que Deus nos deu".[9]

Deus não causou nossas provações, mas pode usá-las. Ele pode usar a situação ruim que experimentamos para ajudar outras pessoas a passar pela mesma situação. Nosso lugar de dor pode se tornar nosso lugar de paixão. Deus pode usar nossa dor para ajudar a curar outras pessoas.

Como usamos nossa dor para ajudar os outros a se curarem? Seja honesto sobre isso. Infelizmente, a norma na igreja é enterrar nossa dor e seguir em frente — perdoe e não processe." Se você confiasse em Deus, não deixaria que isso o incomodasse." Se você sobreviver a uma tempestade, espera-se que você se recomponha rapidamente e aja como se nada tivesse acontecido.[10]

Ironicamente, essa abordagem é o oposto do que encontramos em toda a Bíblia. A Escritura está cheia de pessoas que sofrem e lamentam, questionando a dor e a mágoa com Deus e com elas mesmas. A maioria de nós, inclusive eu, poderia fazer algumas anotações sobre isso. Sim, precisamos perdoar. Sim, precisamos confiar em Deus. Mas também precisamos cuidar de nossas feridas e nos certificar de que elas cicatrizem adequadamente; caso contrário, só continuaremos ferindo as pessoas e não seremos capazes de trazer cura para ninguém. Cuidar de nossas próprias feridas e dores é uma das coisas mais amorosas que podemos fazer pelas pessoas ao nosso redor.[11]

---

9   2Coríntios 1:4, ênfase adicionada.

10 Exemplos de orações que você pode precisar fazer: *Isso é péssimo, Deus! Onde o Senhor está? Por que eu tive que andar pelo inferno?* Muito direto para orar? Não é muito cristão? Você pode querer ler os Salmos novamente.

11 Se você não vê um conselheiro cristão regularmente, você precisa! Coloque na sua agenda. O pior que pode acontecer é você descobrir que está emocionalmente saudável — como fazer um check-up regular com um médico de família. "Você

A fim de ajudar a curar os outros, precisamos também admitir nossa vulnerabilidade.[12] Uma das primeiras coisas que colocamos a cada manhã é uma máscara. A máscara para esconder qualquer mágoa, juntamente com as partes que não são muito bonitas ao longo de nossa história. A máscara serve para esconder as tempestades que temos resistido ou atravessado. Para se mostrar vulnerável é preciso coragem. Falar com o coração é assustador. Baixar a guarda e ser genuíno é difícil. E arriscado também! Mas ser vulnerável em relação aos outros não apenas traz a cura — convidando-os a ser vulneráveis também — como também ajuda a trazer cura para nós mesmos.

Assim, compartilhe sua história. Ao longo deste livro, nós temos falado sobre as histórias das pessoas, e a história mais poderosa que podemos compartilhar (além de história de Jesus) é a nossa própria. Todo mundo já atravessou tempos difíceis. Quando começamos a compartilhar nossas histórias honestas e inéditas, isso nos conecta com os outros. As pessoas raramente crescem e se curam ao ouvir sobre nossos sucessos e os dias de céu azul que tivemos durante toda a vida. Mas compartilhar sobre os céus escuros, o trovão, o granizo e o nevoeiro? Isso abre a porta para que outros possam começar a ser honestos sobre sua própria dor e vulneráveis sobre suas próprias dificuldades. Talvez então eles vão começar a compartilhar suas histórias e experiências com os outros, trazendo cura para as pessoas também.

---

está completamente saudável!" Melhor notícia de todas, certo? Eu vejo um conselheiro uma vez por mês. No começo eu chutava e gritava, mas agora é uma parte crucial da minha vida como marido, pai, pastor, amigo e humano.

12 Alguém está esperando (e precisa) para ouvir sua história. Sim, a sua. Eles estão atualmente passando pelas mesmas provações que você e estão esperando para serem encorajados e confortados por suas palavras.

Deus pode usar nossa dor para ajudar a curar outras pessoas. Isso é o que Rick e Val fizeram. É o que eles fizeram por Bec e por mim em tantos momentos diferentes de nossa vida, e é o que eles fizeram por tantos outros. Eles se consolaram com o conforto que receberam do próprio Deus. Eles pegaram suas provações e suas cicatrizes de batalha e as usaram para o bem.

Algo que Val uma vez disse sempre ficou comigo: "Odeio a dor pela qual essa pessoa está passando, mas Deus sem dúvida a usará".

Só para repetir, Deus não causa nossa dor, mas Ele tem um propósito divino para isso. Eu vi isso experimentado na vida de Rick e Val, talvez mais do que eu vi em qualquer outra pessoa. O lendário padre Henri Nouwen chamou esse caminho do "o Médico ferido", que é quando nos tornamos pessoas que ensinam e curam nos próprios lugares onde fomos mais feridos.[13]

Nossa dor nos qualifica para entrar na dor dos outros. Nossas provações nos qualificam para curadores feridos.

Quando alguém está passando por um divórcio, a perda de um filho ou uma fofoca que magoa, nossa própria dor nos qualifica para dizer as palavras "Já estive lá".

"Eu sei o que você está passando."

"É uma droga. Eu sei. Eu sinto muito."

---

13 Henri Nouwen foi um padre católico incrível que morreu em 1996. Ele foi um renomado autor, professor e professor em instituições acadêmicas como Notre Dame, Yale Divinity School e Harvard Divinity School até que decidiu sair da área de ensino e foi trabalhar numa unidade de necessidades especiais para pessoas com deficiência intelectual e de desenvolvimento. Veja seu livro *The Wounded Healer: Ministry in Contemporary Society* [O médico ferido: o ministério na sociedade contemporânea] (Nova York: Doubleday, 1972).

"Eu também passei por isso. Você vai superar."

"Você vai conseguir sair do outro lado."

"O sol vai nascer amanhã. Eu prometo."

"Deus usará até mesmo isso."

Como posso saber se isso é verdade? Porque tem sido verdade na minha vida.

Você está passando por um momento difícil agora? Vive uma temporada de dor? Deus tem um plano, até mesmo para isso. Em nossos momentos mais sombrios, descobriremos muito sobre Jesus e quem Ele é. Esses momentos são nos quais eu não apenas descobri sua paz que ultrapassa todo entendimento, mas também descobri seu amor — um amor que não tem fim.

Como qualquer pessoa que já se cruzou com Rick e Val sabe, *amor* é uma palavra que os resume muito bem. Melhor ainda, *Jesus* sabe.

9

Hudson, Wilson, Grayson e Anderson

O amor nem sempre precisa de palavras

Quando penso no amor, algumas das primeiras pessoas que me vêm à mente são Hudson, Wilson, Grayson e Anderson Weber.[1] Meus

---

1 Hudson Ray: agradeço a Deus por você ser gentil e atencioso. Eu amo como você adora a Deus aos domingos ao meu lado e quando temos "noites de adoração" juntos no carro. Mal posso esperar para ver os planos que Deus tem para você.
Wilson Moses: eu amo o quão leal e protetor você é. Estou muito feliz que outra pessoa em nossa família adore esportes. Uma das minhas memórias favoritas é irmos ao jogo de futebol San Diego State Aztecs contra North Dakota State University juntos! Saiba que você é muito amado.
Grayson Marie: você é muito parecida com sua mãe. Baby, eu amo abraçar você, ler livros com você e dizer que te amo quando estou no meu carro enquanto você caminha para a escola, mesmo que isso a deixe louca!

filhos. E quatro filhos é muito hoje em dia. Só falta mais um para termos nosso próprio time de basquete![2]

Serei brutalmente honesto, esperando que isso encoraje alguém: até alguns anos atrás, ser pai parecia mais um trabalho do que uma bênção. Eu tive que intencionalmente colocar minha cara de pai para amar meus filhos. *Você pode fazer isso,* eu dizia a mim mesmo. Não veio naturalmente, e na maioria dos dias eu só queria que eles fossem logo para a cama. Terrível, certo? Eu ainda me arrependo.

Não tenho certeza do que mudou, mas pouco mais de dois anos atrás, algo mudou dentro de mim. Fico feliz por essa mudança ter acontecido quando meu filho mais velho ainda era um aluno do quinto ano. A vida passa tão rápido. Aquele aluno da quinta série agora está na oitava série, e o tempo não parece estar desacelerando. Colegas de trabalho, clientes e até amigos vêm e vão. Mas enquanto eles estiverem vivos e você também, seus filhos sempre serão seus filhos.[3] Certo dia, senti Deus me dizendo: "Você pode começar a tratar as pessoas mais importantes da sua vida como se fossem as mais importantes, em vez de as menos importantes".

Agora, as crianças podem definitivamente ter seus momentos não tão bons, mas de modo geral, uma coisa que elas praticam muito bem é o amor. Crianças amam incondicionalmente — a memória delas parece redefinir uma vez a cada 24 horas (na maioria das vezes parece

---

Anderson Adam: eu amo sua energia e a paixão que você vive todos os dias. Adoro passear de trator e sair junto com você. Se quer saber como você vai ser daqui a 20 anos, olhe para mim!

2 Se algum dia tivermos um quinto filho, vou chorar por dias. Talvez meses. Ainda estou tentando descobrir de onde vêm as crianças.

3 Ser pai é o único trabalho que não pode ser substituído. Bec poderia se atualizar. A Embrace poderia contratar um novo pastor. No entanto, eu sempre serei o pai dos meus filhos.

acontecer a cada 24 minutos). Mesmo depois da minha pior semana como pai, quando chego em casa, meus filhos mal podem esperar para dizer olá, me abraçar e ficar perto de mim em geral.

Eles não usam o meu mau humor do dia anterior contra mim. Eles não se lembram do meu fracasso épico como pai (a menos que seja algo de que rimos juntos mais tarde). Eles não se importam com títulos ou prêmios.

Eles simplesmente me amam. Completamente. Plenamente. Incondicionalmente.

Falando em momentos épicos de fracasso de pais, tive muitos. Uma grande quantidade! Mas em um determinado dia que tento esquecer, levei isso para outro nível. Foi um dia muito difícil. Recebi alguns e-mails não tão divertidos e recebi um telefonema nada engraçado. O prazer que havia em mim estava tentando fazer todo mundo feliz e, bem, não estava funcionando. Eu me senti um fracasso. Aquela semana em particular, eu tinha superado as reservas. Além de me sentir um fracasso, estava tão ocupado que parecia que nem tinha tempo para respirar.

De alguma forma, sobrevivi ao dia. Mas, no caminho para casa, em vez de fazer uma pequena pausa, atendi a mais um telefonema, que durou até estacionar o carro na garagem. Eu estava exausto e esperava um momento de silêncio assim que entrasse em casa.

Mas... sou pai de quatro filhos. Nossa casa não permanece quieta (é um caos em massa) até que todos estejam dormindo quase no final da noite, e esse tempo estava a horas de distância. Uma vez em casa, planejei entrar e subir diretamente para o quarto o mais rápido que pudesse, e trancar a porta atrás de mim. Para o bem dos meus filhos — poupando-os de ver o que eu estava sentindo naquele momento — e também para a minha própria sanidade, eu só precisava de um pouco de tempo sozinho.

Infelizmente: meu plano estava proibido. No momento em que saí da garagem, fui saudado por todas as quatro crianças. De uma vez só. Eles estavam brincando com os esguichos de água em nosso quintal e atirando uns nos outros com pistolas dos esguichos, se divertindo. Eles estavam rindo histericamente. Foi a imagem de alegria, diversão e felicidade. Sinal para o velho rabugento! Assim que saí da garagem, tornei-me o alvo principal e eles começaram a me ensopar de água.

Normalmente, isso não teria sido um grande desafio. Eu me juntaria à diversão e pegaria uma pistola de água, mesmo que não tenha sido planejado. Mas tinha sido um dia difícil — um dia *realmente* difícil. Eu fui logo atingido. Pedir que parassem só fez com que a água ficasse mais forte e os deixou mais animados para continuar a me molhar. Eu poderia dizer que eles queriam ajudar, me tirar do meu mau-humor me envolvendo *mais* na luta da água, mas não funcionou. Fui atingido pela água. Novamente. E do nada, era como se eu tivesse me transformado em um dragão. Eu agarrei. Enquanto escrevo isso, estou honestamente envergonhado de compartilhar os detalhes do que aconteceu a seguir.

No meio dessa pulverização pelas pistolas de água que surgiram do nada, de alguma forma consegui perder um dos meus sapatos. Eu rapidamente localizei — lá estava — em uma poça d'água. Meu sapato estava encharcado. E eu? Eu estava agora parado em uma poça de água com um pé vestido só por uma meia, totalmente submerso. Essa foi a gota d'água!

O que eu fiz? Eu peguei o sapato encharcado, molhado, e comecei a batê-lo contra o chão tão forte quanto eu podia. Outra vez e outra vez. Eu borrifei água e lama em todos os lugares quando o sapato atingiu a terra, gritando enquanto eu fazia isso. Eu não estava dirigindo minha raiva contra qualquer pessoa; eu estava apenas gritando para desabafar. Mas vamos fazer uma pausa aqui e concordar que esse não foi meu melhor momento como pai.

Como se isso não bastasse, eu ainda tinha um pouco mais para afundar. Meu braço estava começando a ficar cansado rapidamente quando bati no chão com o sapato (estou ficando velho). Então, peguei o sapato e o que fiz? Eu joguei fora! Com força e bem longe. Tanto quanto pude! Se houvesse uma prova olímpica de arremesso de peso com calçado, eu teria me classificado. O sapato passou por cima da nossa garagem e acabou batendo na lateral da casa do vizinho!

Sim, eu joguei meu sapato e ele atingiu a casa do nosso vizinho.[4]

Vendo seu pai agindo como um louco, meus filhos começaram a rir e dançar nos irrigadores e a chorar de rir. Berravam! "Pai, você está bem?" "Pai, o que há de *errado*?" Eles correram para dentro de casa para fugir da loucura.

Minha esposa Bec não precisava de explicações. Seu olhar disse tudo. *Quem é você?* Ela seguiu as crianças para dentro de casa.

Alguns minutos se passaram. Eu recuperei um pouco os meus sentidos. Pingando e descalço, entrei. Envergonhado? Claro. Porém, mais do que apenas envergonhado, naquele momento eu estava lutando para processar o que estava sentindo. Deitei, bem no meio do chão da nossa sala, tentando organizar meus pensamentos. Eu estava machucado e exausto.

---

4 Faço uma pausa aqui por um segundo. A casa que atingi era de ele (meu vizinho traficante de drogas — você ouvirá mais sobre ele em um capítulo posterior). No meio da minha agitação, parei um minuto para agradecer a Deus, pensando comigo mesmo: *Bem, eles são as últimas pessoas no planeta que chamariam a polícia para reclamar de um sapato sendo jogado em sua casa!* Felizmente, não era meu outro vizinho; ele é um agente financeiro e provavelmente não teria deixado tão barato ter um sapato batendo na lateral de sua casa. Amo você, Brooks!

"Crianças", perguntei suavemente, "vocês podem vir aqui comigo?" Todos os quatro vieram. As únicas palavras que consegui dizer foram: "Papai está sofrendo e sinto muito por agir dessa maneira".

Sem nem mesmo perguntar, todos eles se juntaram e me abraçaram. Seu amor não precisava de palavras. Isso foi tão honesto, tão aceito — mesmo depois do meu momento explosivo lá fora.

Cada um deles me tocou com seu amor, mas nunca esquecerei como meu filho Wilson respondeu. Wilson é nosso filho adotivo da Etiópia e raramente oferece um abraço a alguém. O toque físico não é coisa dele. Ele é muito cauteloso em geral e não mostra afeto com frequência, mesmo para mim e Bec. Quando se trata de abraços, normalmente nós temos que correr atrás dele para conseguir um. Literalmente. Mas, naquele momento, ele me viu sofrendo, caminhou até mim e encostou seu corpo no meu. Foi o melhor abraço que já recebi dele.

As crianças não disseram uma palavra. Elas não me disseram que eu estava louco (até o dia seguinte, quando rimos sobre a coisa toda de jogar o sapato).[5] Elas não se esconderam de mim nem me fizeram sentir como se eu estivesse doido.

Elas simplesmente me amaram.

• • •

Em vários pontos diferentes da Bíblia, Jesus interagiu com as crianças. Sua mensagem para quem está ouvindo é sempre a mesma: "Torne-se como eles!" Numa certa ocasião, os pais trouxeram seus filhos a Jesus

---

5 Pelo resto da vida deles, meus quatro filhos nunca me deixarão esquecer o incidente com o lançamento do sapato. Eu não ficaria surpreso se algum dia um sapato fosse esculpido na lateral da minha lápide.

na esperança de que orasse por eles e os abençoasse.[6] Não sabemos de nenhum nome de seus pais ou da crianças, mas somos informados de que aqueles mais próximos de Jesus — sua tripulação, seus doze discípulos — começaram a repreender os pais, dizendo-lhes que ficassem longe, porque não queriam que essas crianças incomodassem Jesus.

Jesus respondeu de maneira um pouco diferente dos discípulos: "Não os impeçam! Tornem-se como eles! O céu pertence àqueles que são como essas crianças".

Os discípulos devem ter ficado chocados. Essas crianças barulhentas e sujas estavam tentando escalar o colo Jesus! Ele tinha muito em que pensar, muito o que fazer. Por que Jesus iria querer essa criançada por perto, e, mais do que isso, deixar que elas o tocassem? *Ele tem pessoas mais importantes com quem conversar e coisas mais importantes para fazer do que lidar com um bando de crianças, não tem?*

No entanto, Jesus via as crianças de maneira muito diferente. Ele sabia que elas são mais naturais em coisas que a maioria dos adultos esquece à medida que envelhece. As crianças são capazes de amar de uma forma pura e sem limites. Elas perdoam em vez de guardar rancores. As crianças confiam. Elas oferecem uma segunda chance.

Mais uma vez, as crianças estão longe de ser perfeitas, mas amam sem precisar de palavras.

Enquanto essas crianças estavam sentadas ao redor de Jesus, Ele disse à multidão (junto com todos nós) que o reino de Deus pertence a elas — as crianças que vieram a Ele, sentaram-se com Ele e acreditaram nele sem uma agenda, sem ter que pedir provas.

---

6   Essa história sobre as criancinhas e Jesus é de Mateus 19:13-14, que parafraseei.

O reino de Deus pertence aos povos que têm coração como crianças e são capazes de amar como os pequeninos. Então, o que isso significa para nós, atiradores de sapatos? Talvez para nós, o primeiro passo para lembrar como realmente amor é ao nos permitir cair pingando de água no chão da sala, enquanto a gente se abraça. Trata-se de receber o amor antes que o possamos dar.

...

Supostamente, quanto mais velhos ficamos, mais sábios nos tornamos. Contudo, quando se trata de amor, o oposto parece ser verdadeiro. Muitas vezes, quanto mais velhos ficamos, pior nos tornamos para amar as pessoas. Você não acolhe também muitas crianças que criticam muito, cínicas, defensivas ou ofensivas. Se você o fizer, provavelmente é por saber que elas passaram por mais dificuldades da vida do que muitos adultos.

O tipo de amor que meus filhos demonstraram por mim naquele dia de verão quando eu surtei e atirei o sapato é o mesmo tipo de amor que as crianças demonstraram por Jesus. Certo, talvez fosse um pouco mais fácil amar a Jesus do que me amar, mas você entendeu.

Para me amar no dia da luta malfadada da água, meus filhos nem precisaram falar. Eles simplesmente estavam lá. Presentes. Quando entrei para me deitar no chão e organizar meus pensamentos, meus filhos não correram para tentar me dizer o que eu estava sentindo ou o que deveria ter feito de maneira diferente. Em vez disso, eles se ajoelharam ao meu lado e sentaram-se comigo em minha dor. Eles sentiram minha dor e eu senti o amor deles sem que precisassem dizer nada.

Como adultos, precisamos fazer mais isso. Frequentemente, falamos rapidamente quando queremos mostrar às pessoas que as amamos. Tentamos consertar alguém ou seus problemas, em vez de apenas estar *presentes*. Claro, às vezes as palavras são necessárias, mas muitas vezes, especialmente quando aqueles que amamos estão sofrendo, realmente não precisamos dizer nada.

O amor incondicional que as crianças demonstram é constante — presente a cada dia, parecendo nunca vacilar. Sim, às vezes as crianças ficam bravas e guardam rancor, mas enquanto os rancores dos adultos podem durar anos, os rancores das crianças mal duram alguns minutos. O amor delas é restaurado quase tão rápido quanto a capacidade de sua atenção, e é um amor que perdura por muito tempo.

O amor que as crianças têm não é baseado no que uma pessoa faz; ele é baseado no que uma pessoa é. As crianças não se preocupam com títulos. Os meus filhos poderiam honestamente se importar menos se eu pastoreasse uma igreja de dez mil membros ou apenas a nossa família de seis. Eles não se importam com quantos seguidores eu tenho no Instagram. Eles só se importam com o fato de que eu sou seu pai. As crianças simplesmente não se preocupam com a pessoa — com suas realizações, seu status ou a falta dele.

Hudson, Wilson, Grayson e Anderson Weber não são exemplos perfeitos de amor de forma alguma (basta vir à nossa casa alguma noite e você verá), mas eles me mostraram o que significa amar como as crianças — com um amor que é constante, incondicional e que vê o melhor nos outros. Um amor que nem sempre precisa de palavras para mostrar que está ali.

• • •

O que mais me marcou no dia do lançamento do sapato foi o que aconteceu antes de eu entrar em casa. Depois de atirar o calçado, todos os meus filhos correram para dentro de casa, mas antes de eu entrar, meu filho mais velho, Hudson, voltou para o quintal.

"Pai, você quer seu sapato?" Antes que eu pudesse impedi-lo, ele saiu correndo do portão do quintal. "Eu vou pegar, pai!"

É algo que nunca vou esquecer. Naquele momento, Hudson era Jesus para mim.

Da mesma forma que Hudson foi e agarrou meu sapato sem ter que dizer nada mais do que "Eu pego, pai!" — um sapato que eu deveria ter buscado timidamente —, Jesus nos mostra algo muito semelhante por meio de suas ações na cruz.

Eu quero amar como uma criança. Quero amar como Jesus ama, com um amor que pega o sapato, dá um abraço, morre na cruz; um amor que nem sempre precisa de palavras para ser sentido profundamente.

10

Becky

O amor lava os pés

Bec e eu começamos a namorar em outubro do nosso último ano de faculdade.

Bec era a garota dos meus sonhos.

Gentil. De fala mansa. Linda.

Obrigado, Jesus![1]

Começamos a namorar em outubro e ficamos noivos em dezembro. Quando você sabe, sabe, certo?[2] Nós nos casamos em Dakota do Norte

---

1 Eu compartilho tudo sobre como Bec e eu nos conhecemos em meu livro *Talking with God* [Conversando com Deus] (Colorado Springs, CO: WaterBrook, 2017).

2 Nunca te amei mais, Bec.

128 | O Amor tem um nome

naquele mês de agosto, na mesma igreja onde o pai dela era pastor.[3] Essa também foi a igreja onde a conheci pela primeira vez enquanto substituía seu pai como pastor interino no verão anterior. Amigos e familiares que nem sabíamos tinham vindo para celebrar "os dois que Deus uniu" naquele dia de agosto de 2004. Nosso casamento foi perfeito.

Porém, rapidamente descobrimos que a vida de casado é tudo menos perfeita. Às vezes, as pessoas mais difíceis de amar são as mais próximas de você. Irmãos tão diferentes de você que não dá para acreditar que foram criados pelo mesmo conjunto de DNA que criou você. Mães e pais que costumam se comportar como crianças.

O tempo com a família pode ser maravilhoso, mas também pode ser muito difícil, cheio de mágoas, feridas e muita história. Os membros da família são pessoas que você não escolheu; eles simplesmente estão lá. Muito mais do que amar a sua família que você não teve como escolher, existe um lugar onde eu aprendi sobre o que realmente é o amor: através do casamento — a pessoa que você *escolheu*, o que por vezes torna mais fácil querer "desescolher" (junto com os parentes agregados).

Ao contrário dos irmãos e pais, de quem você se afasta em algum momento,[4] seu cônjuge está ligado a você financeiramente, emocionalmente e fisicamente — vivendo sob o mesmo teto que você! O que começa como um dia de casamento perfeito rapidamente se torna em

---

3   Quase adiamos a data do casamento duas vezes, mas já tínhamos enviado os convites! Dica profissional: quanto mais curto for o noivado, melhor. Você pode me agradecer mais tarde.

4   Sei que esse é um pensamento privilegiado e nem sempre é o caso. Alguns filhos acabam cuidando dos pais, o que é muito honroso. Alguns filhos nunca se casam e talvez morem juntos ou próximos um do outro. Às vezes, os filhos não têm dinheiro para se mudar. Cada situação é diferente.

duas pessoas imperfeitas, tentando se amar até que a morte os separe. E para sempre é muito, muito tempo.

As coisas que inicialmente atraíram você na outra pessoa agora o irritam muito. As diferenças que o atraíram agora você repele. O que começou despreocupado e empolgante agora é previsível e enfadonho. Enquanto namorava, você via o melhor da outra pessoa, mas hoje tudo o que vê é o pior dela. A grama no gramado de todos os outros parece muito mais verde. *É tarde demais para desescolher?*

Indo para o casamento, minha ideia de amor eram palavras de afirmação, sexo, toque, atos de bondade, sexo e mais toque. O que descobri, porém, é que o amor no casamento geralmente é como pegar uma toalha, deitar-se no chão e lavar os pés sujos de seu cônjuge.

Lavar os pés de seu cônjuge é falar bem dele, mesmo quando seus amigos estão destruindo seus maridos ou esposas — e mesmo quando seu próprio cônjuge feriu seus sentimentos no dia anterior. É ver o melhor quando o pior é bastante óbvio.

Amor no casamento é ouvir a outra pessoa compartilhar quando você prefere ficar de fora. É lavar roupa. Limpar o traseiro das crianças. Cortar a grama. Colocar os ratinhos do tapete na cama quando você estiver exausto.

Uma parte fundamental do casamento (e de qualquer relacionamento) é dar amor e não esperar recebê-lo em troca. Solteiro? Não tem filhos? Você não pode optar por sair disso! Isso se aplica a todos. Quanto mais perto você está para outra pessoa, mais você tem que lavar os pés um do outro. Somos mais parecidos com Jesus quando temos toalhas em volta da cintura.

Desde o dia em que nos casamos, essa é a postura de Becky. Supermercado. Lavanderia. Compras. Pegar as crianças na escola. Apoiar-me quando não é fácil. Perdoar-me quando eu a decepciono. Mostrar interesse nas coisas que me interessam apenas porque ela me ama.[5] Amar-me quando digo e faço coisas erradas. Torcer por mim. Manter-me humilde quando me considero bom demais. Ajudar-me a ficar de pé quando me sinto inadequado.

Amar é escolher servir quando você não tem vontade. Não para marcar pontos. Não apenas se a outra pessoa o servir primeiro. É ser amoroso sem amarras. Porque amar com amarras não é amor, e logo se torna uma obrigação para a outra pessoa. Amar significa servir todos os dias; não apenas nos momentos especiais, como aniversários e datas comemorativas, mas também nos dias difíceis, normais e mundanos.

Amar é lavar os pés.

. . .

Bec e eu fomos abençoados com exemplos de como é um ótimo casamento ao acompanhar o casamento de nossos pais. Quanto mais velhos ficamos, mais percebemos que nossa situação não é o padrão.[6] Os pais de Bec estão casados há quarenta anos, e os meus, há quarenta e três. Obrigado, meu Deus.

Na última década, porém, a saúde física dos meus pais piorou. Eles ainda não são muito idosos, e ambos eram jovens quando esses problemas

---

5   Algumas dessas coisas incluem galinhas, carros velhos, shows de tratores, máquinas de escrever, peixes de água salgada, lâmpadas velhas de ponte, fontes de água, flores. Por favor, ore por minha esposa!

6   Casamentos saudáveis não são padrão em sua família? Não será fácil, mas rompa o ciclo tendo um casamento saudável.

começaram — especificamente com meu pai, que teve uma dor intensa que alterou sua vida por anos. Quase todos os dias, ele fica deitado na cama, exceto por uma ou duas horas. Meus pais tiveram que deixar os sonhos de lado, desacelerando muito mais do que gostariam.

Minha mãe e meu pai são duas ervilhas em uma vagem que um dia ficarão um sem o outro. Minha mãe, porém, tem sido uma rocha constante para o meu pai durante sua batalha contra a dor. Ela o atende diariamente, ajudando-o a se vestir, a tomar banho e lembrando-o de tomar seus remédios. Ela fala por ele no consultório médico, em restaurantes e praticamente em todos os lugares que vão, garantindo que ele esteja confortável e tenha o que precisa. Ela é sua defensora. A vida da minha mãe parece completamente diferente do que ela esperava, mas ela faz tudo isso com um sorriso, constantemente observando meu pai para se certificar de que ele está bem.

Há alguns meses, as dores do meu pai atingiram o seu pior momento. Ele não conseguia mover as mãos. Ele não conseguia ao menos segurar um telefone. Ele não conseguia fazer as coisas mais básicas, como ir ao banheiro sozinho. A dor estava tão fora de controle que ele precisou ir ao hospital para tentar controlá-la. Um dos momentos mais difíceis e ainda mais bonito para presenciar durante todo esse calvário era minha mãe com uma colher alimentando meu pai em suas refeições, porque ele não poderia fazê-lo por si mesmo. Ela fez tudo com paciência, cuidado, bondade e amor.

É assim que se parece o amor verdadeiro. Amor lava os pés. Agora, o que isso realmente significa? Continue lendo.

• • •

132 | O Amor tem um nome

Estava se aproximando o momento em que Jesus morreria na cruz. Ele sabia que a hora estava chegando, então decidiu compartilhar a ceia com aqueles de quem era mais próximo — os doze discípulos seus. Para ser claro, Jesus escolheu estar perto de seus doze discípulos. Eles eram mais do que amigos, pois Jesus sabia de todas as suas imperfeições e deficiências. Ele até mesmo sabia qual deles o iria *trair*. Esses homens tinham testemunhado o amor de Jesus melhor do que ninguém. A maneira como Ele tratava as pessoas. A maneira como Ele notava as pessoas. A maneira como Ele amava as pessoas. Mas Jesus teve uma última lição para ensiná-los sobre o amor: como servir.

Durante a refeição, Jesus se levantou da mesa, tirou suas roupas externas e enrolou uma toalha em volta da cintura. Então, ele despejou água em uma bacia grande e começou a lavar os pés de seus amigos.[7]

Os pés dos discípulos teriam parecido nojentos. Nem mencionarei que Jesus estava fazendo um trabalho que era realizado apenas por servos e escravos, jamais por rabinos ou professores. Por que Jesus se desonraria assim? Foi terrível! Tanto que quando Ele se abaixou para lavar os pés de Pedro, este protestou: "O Senhor nunca vai lavar meus pés!" Jesus respondeu que a menos que Pedro permitisse que Ele lavasse seus pés, ele não pertenceria a Jesus. Pedro mudou rapidamente de tom depois disso e, com total sinceridade, convidou Jesus a lavá-lo por completo — seus pés, suas mãos, tudo.

Depois de lavar os pés sujos e nojentos de todos os discípulos (incluindo os de Judas, o homem que estava prestes a traí-lo — deixe que *isso* penetre fundo em você!), Jesus se levantou, vestiu o casaco e começou a explicar o que acabara de acontecer: "Vocês entendem o que

---

7 Essa história sobre Jesus lavando os pés dos discípulos está em João 13:1-17, que eu parafraseei.

eu fiz? Vocês me admiram como Mestre e Senhor. Como vocês deveriam — Eu sou ambos".

Jesus estava dizendo a eles: "A melhor maneira de explicar como se tornar mais parecido comigo; a melhor maneira de explicar como o amor realmente se parece, é Eu me ajoelhar. É me humilhar em uma ação própria de um servo ou escravo, e é para lavar a parte mais suja de vocês. Isso é amor. Esse é um exemplo de como funciona o amor. É isso que Eu, Jesus, vim fazer, e se vocês quiserem se parecer comigo, façam isso pelos outros".

É como se Ele estivesse dizendo: "As pessoas que não merecem? Lave *seus* pés".

"As pessoas que machucaram você — como meu amigo Judas aqui — lavem os pés."

"Se vocês se considera muito bom, lave os pés dos outros."

"Oh, você é um professor? Alguém que as pessoas admiram? Pés!". Se você é cristão há muito tempo, comece a lavar os pés.

O que você deve fazer por seu cônjuge (se tiver) ou por qualquer uma das pessoas mais próximas a você que geralmente são as mais difíceis de amar?

Pegue uma toalha.

Comece a esfregar.

Pés.

• • •

Esse amor atinge os dois lados. Claro, lavar os pés é humilhante. Mas ter os seus pés lavados também é uma experiência humilhante. Até mesmo dizer a palavra *pés* me dá vontade de vomitar um pouco. É como a palavra *úmido* (arrepios). A única coisa pior em que consigo pensar são os *pés úmidos* (Está bem, vou parar!).

Durante meu culto de ordenação, anos atrás, quando me tornei oficialmente um pastor ordenado, um bispo lavou os meus pés. Foi um momento poderoso. Ao contrário dos pés dos discípulos, porém, meus pés estavam limpos. Impecáveis, na verdade. Eu me certifiquei disso, sabendo que eles seriam vistos pelo bispo e também por centenas de pessoas em uma tela gigante.

Quer espalhar o amor? Comece a lavar os pés. Ajoelhe-se, puxe uma toalha e comece a fazer coisas que ninguém quer. Escolha fazer as tarefas que outras pessoas estão evitando. Faça coisas por alguém quando ninguém mais está olhando. Coloque voluntariamente os interesses do outro antes dos seus. Procure maneiras de se humilhar e, ao mesmo tempo, erguer os outros. Comece a lavar os pés! Como eu disse antes, mesmo que você não seja casado, você não está isento de toda essa coisa de lavar-os-pés. Você também escolheu pessoas em sua vida. Seu cônjuge ou outra pessoa importante, seus amigos, seu colega de quarto, seus colegas de trabalho — procure maneiras de servi-los!

Nunca me esquecerei de um professor do seminário, amigo meu, ao dizer que existe uma parte do coração de Deus que nunca compreenderemos completamente até começarmos a servir aos outros.[8] Isso é absolutamente verdade. Há uma parte de Deus que não podemos desbloquear, uma parte do coração de Jesus que nunca "conseguiremos" alcançar de verdade até que experimentarmos como é servir a outro ser humano.

---

8 Dr. Jay Moon, você é um dos melhores.

Bec e eu estamos agora há dezesseis anos nessa coisa chamada casamento. Às vezes, parece que estamos na mesma página; outras vezes, parece que vivemos em universos diferentes. Não alegaríamos ter nada planejado ou que somos qualificados para escrever um livro sobre como ter o casamento perfeito. Nós dois lutamos para pegar uma toalha e lavar os pés, e assim como qualquer outro ser humano, somos egocêntricos, pessoas focadas em si mesmas. A cada dia, porém, decidimos olhar para o exemplo de Jesus.

Diariamente, Bec "lava meus pés" de formas pequenas e grandes.

Raspando a parte de trás do meu pescoço quando fica peludo.[9]

Deixando o almoço no trabalho quando me esqueci de trazer algo comigo.

Lembrando-me de reuniões que escaparam completamente da minha mente.

Dizendo uma palavra de incentivo para mim quando eu não tiver certeza de que Deus pode me usar.

Optando por me amar a cada dia, mesmo quando os sentimentos calorosos e confusos não estão lá.

Dando uma ajuda extra quando estou na garagem fazendo sabe-se-lá--o-quê e não posso fazer isso sozinho.

Sentando-se ao meu lado depois de um dia em que não fui muito paciente ou gentil.

Todos os dias, faço o possível para me ajoelhar e lavar os pés dela também. Dezesseis anos depois e até agora, está ficando cada vez melhor a cada dia.

O amor lava os pés.

---

9   Tenho cabelo em cada centímetro quadrado do meu corpo, exceto onde deveria estar. Só compartilho isso porque sei que você queria saber.

PARTE 2

Algumas pessoas que estou aprendendo a amar

Nosso trabalho é amar os outros sem parar
para perguntar se eles são dignos ou não.

—Thomas Merton

11

Trevon

O amor enxerga o outro

Durante o ano letivo, as sextas-feiras são minhas manhãs favoritas da semana. Elas são um dos meus dois dias de folga e, durante dois terços do dia, somos apenas Bec e eu, junto com nosso filho mais novo, Anderson, em vez de todos os quatro. Quer dizer, eu amo todos os nossos filhos, mas às vezes é bom passar algum tempo apenas com minha esposa e um pequeno monstro (digo isso da maneira mais amorosa possível).[1]

Numa sexta-feira de inverno, depois que nossos filhos foram deixados na escola, eu estava sentado na minha sala de estar, e Bec, na cozinha. De repente, eu a ouvi gritar: "Pare! Pare para o garoto! Pare!". Ela correu para a sala em que eu estava. "Um menino acabou de perder o ônibus

---

1   *Pequeno monstro* é, na verdade, a maneira perfeita de descrever meus filhos. Em um momento eles são fofos e mansinhos, mas adicione um pouco de água (ou açúcar) e eles podem destruir sua casa e acabar com a cidade inteira. Se você viu o filme *Gremlins, o pequeno monstro,* dos anos 1980, sabe do que estou falando.

escolar! Ele está correndo atrás dele e acenando, mas o ônibus não para!" ela explicou.

"Agora mesmo?", perguntei. "Sim, ele ainda está ali!"

Eu rapidamente corri para fora só de meias. (Nota: já mencionei que era inverno? Em Dakota do Sul?)[2] O ônibus já estava no fim do quarteirão quando vi um garoto de cabeça baixa e mochila nas costas se afastando do ponto de ônibus.

"Ei! Ei!", gritei na direção dele. Ele se virou, quase como se achasse que estava em apuros. "Você perdeu seu ônibus?" Ele encolheu os ombros.

"Você tem outra forma de ir para a escola?" Ele balançou a cabeça negativamente. Seu rosto disse tudo. Ele parecia chateado e completamente desanimado.

"Você quer uma carona?"

Não esperando que eu oferecesse, o garoto hesitou por um segundo e então disse que sim. Eu disse a ele para me encontrar na entrada da minha garagem. "Vou colocar meus sapatos rapidinho e já levo você."

Voltei para casa e disse à minha esposa que eu levaria o garoto para a escola. *Eu realmente acabei de dizer que o levaria? Devo mesmo levá-lo? Eu estava querendo relaxar no meu dia de folga. Além disso, hoje em dia, você precisa se preocupar em ser acusado de certas coisas. Parece um pouco estranho ver um homem adulto indo embora com uma criança desconhecida.* Sentindo-me travado porque já tinha dito sim, calcei os sapatos, saí para a garagem e abri a porta para ele.

---

2 O inverno em Dakota do Sul é de roer os ossos. [A temperatura média máxima em janeiro é de -3 graus, e a mínima, de -11 graus (colchetes acrescentados)].

Quando a porta da minha garagem foi aberta, ele estava lá, esperando do lado de fora. A primeira coisa que saiu de sua boca foi: "Você é meu pastor!". Ele estava sorrindo de orelha a orelha.

"Sério?", eu disse. "Fantástico! Acho que isso significa que somos uma família, então. Entre!"

Pensei comigo mesmo: *Como eu nunca vi esse garoto? Nunca! No meu quarteirão? Em minha própria igreja? A igreja que pastoreio!?* Fiquei incomodado por não o ter notado antes. Apesar disso, infelizmente, acho que todos nós temos pessoas assim em nossa vida. Pessoas que, por qualquer motivo, simplesmente não vemos, mesmo que estejam bem na nossa frente.

"Minha escola é muito longe", ele me alertou enquanto saíamos da garagem.

Quinze minutos depois, descobri que ele não estava brincando — a escola ficava na metade do caminho para a cidade.[3] Mas não me importei — isso nos deu a chance de conversar e nos conhecer um pouco.

Descobri que seu nome era Trevon. Ele era um aluno da sétima série e morava a apenas a alguns quarteirões de minha casa. Perder o ônibus não era um hábito para ele; isso só havia acontecido duas vezes aquele ano.

Também descobri em qual campus da minha igreja ele frequentava. Trevon ia à igreja sozinho, mas não conseguia ir com muita frequência. Na maioria dos dias, ele precisava ajudar seus pais. Seu pai estava doente e sua mãe trabalhava em vários empregos para sustentar sua família.

Mesmo sendo apenas um aluno do sétimo ano, Trevon já havia passado por muita coisa na vida, mais do que eu, inclusive. Naquela manhã,

---

3   Em Dakota do Sul, uma viagem de quinze minutos é considerada longa, especialmente porque todos aqui ainda andam a cavalo.

ele estava parado na beira da estrada, bem na frente da minha casa, e precisava de ajuda. Sim, ele precisava de uma carona, mas ainda mais, ele precisava de incentivo. No final, ele fez mais por mim naquela viagem para a escola do que eu jamais poderia ter feito por ele. Ele me lembrou que as situações de vida em que nos encontramos não precisam ditar nossas atitudes e nosso futuro. Ele me lembrou do que há de bom no mundo. Ele me lembrou que o amor enxerga o outro.

Quanto mais Trevon falava e contava sua história, mais eu sentia que ele era um garoto muito bom. Eu queria que ele ouvisse isso de mim. Só espero que ele tenha descoberto um vislumbre da graça e do amor de Deus por meio das minhas palavras.

Como filho e jovem.

Como estudante.

Como parte da minha igreja.

"Estou tão orgulhoso de você", eu disse.

* * *

Muitas vezes nos perguntamos como e onde podemos ajudar as pessoas. *Quero fazer o bem*, muitos de nós pensam, *mas não sei por onde começar*. Onde está a necessidade e como chegamos lá? Frequentemente, os cristãos viajam ao redor do mundo para ajudar os necessitados (o que é incrível!), mas somos capazes de perder pessoas que estão bem na nossa frente.

A pessoa ao lado que está com câncer.

O colega de trabalho que está passando por um conflito familiar.

O antigo colega de escola que está lutando para sobreviver.

O membro da família ou colega de quarto que está lidando com o desânimo ou a depressão.

O vizinho da sétima série que você nunca soube que tinha.

Ajude-os!

Nem sempre precisamos ir a outro lugar para ajudar alguém; muitas vezes, só precisamos abrir os olhos para enxergar o necessitado bem na nossa frente. Alguém precisa de ajuda exatamente onde estamos. Não perca essas pessoas! Essas não são as histórias que ganham manchetes ou têm milhares de compartilhamentos no Twitter, mas esses momentos — e mais ainda, essas pessoas — são importantes.

• • •

A certa altura, um especialista religioso se aproximou de Jesus e perguntou: "O que uma pessoa precisa fazer para herdar a vida eterna?".[4] O religioso não fez a pergunta por mera curiosidade. Em vez disso, ele a fez para testar Jesus, na esperança de derrubá-lo.

Agora, dependendo de para quem perguntar, você obterá uma resposta diferente para a pergunta daquele homem. Os cristãos adoram debater sobre qual deve ser o foco da nossa vida. O que uma pessoa precisa fazer para chegar ao céu? Quais devem ser nossas prioridades para nosso tempo e atenção? Qual é a coisa mais importante quando se trata de Deus? Frequentemente, cada pessoa tem uma opinião ligeiramente diferente sobre o assunto.

---

4   Essa história sobre o homem religioso e Jesus foi extraída de Lucas 10:25-37, que parafraseei.

144 | O Amor tem um nome

Mas ouça o que Jesus diz: "Boa pergunta. Vida eterna? Bem, o que a Bíblia diz?".

Conhecendo bem a Bíblia, o homem religioso respondeu: "Você deve amar o Senhor, seu Deus, de todo o seu coração, com toda a sua alma, com todas as suas forças e com todo o seu entendimento". E, "Ame o seu próximo como a si mesmo".[5] Jesus concordou: "Sim, você tem razão! Agora faça isso e você viverá".

Tentando mostrar o quão inteligente ele era, o homem perguntou a Jesus um complemento da pergunta: "E quem é o meu próximo?".

Uma pequena história de fundo aqui: naquela época, a lei judaica basicamente exigia que um judeu ajudasse outro judeu. Se alguém em sua igreja (ou, mais precisamente, em sua sinagoga) precisasse de ajuda, era exigido pela lei religiosa que você ajudasse da forma que pudesse. Era considerado pecado não ajudar outro judeu.[6]

Jesus respondeu de uma maneira que o homem não esperava — com uma história. E foi uma resposta e uma história sobre a qual falamos até hoje. Veja:

---

5 O homem deu a "resposta certa". Ele citou os versículos mais importantes da fé judaica: a oração conhecida como "Shemá", encontrada em Deuteronômio 6:5.

6 John Wesley disse que nosso próximo é "não apenas seu amigo, seu parente ou seu conhecido: não apenas o virtuoso, o amigável, aquele que ama você, que recebe ou retribui a sua bondade; mas todo filho do homem, toda criatura humana, toda alma que Deus fez; [...] não excetuando aquele que é mau ou ingrato, aquele que é seu inimigo; a todos esses você também deve amar *como a si mesmo*, com a mesma alegria em todos os casos; com o mesmo cuidado incansável para protegê-lo de tudo o que possa afligir ou ferir sua alma ou corpo". John Wesley, *Sermons on Various Occasions*, vol. 1 (Londres: Wesleyan Conference Office, 1864), 73. Talvez seja bom ler isso algumas vezes para realmente entender, não é mesmo?

Um judeu estava viajando de Jerusalém para Jericó e foi atacado por bandidos. Tiraram-lhe as roupas, espancaram-no e deixaram-no meio morto à beira da estrada. Por acaso, apareceu um sacerdote, mas quando ele viu o homem deitado ali, cruzou para o outro lado da estrada e passou por ele. Um assistente do templo se aproximou e olhou para ele ali deitado, mas também passou do outro lado. Então, um desprezado samaritano apareceu.

O sacerdote e o assistente do templo eram pessoas que esperávamos que parassem. Havia um judeu caído na beira da estrada, todo machucado, e eles também eram judeus. Novamente, eles eram obrigados a ajudar! Mas nenhum deles parou.

Em relação ao samaritano, a história era outra. Por centenas de anos, havia um ódio profundo entre judeus e samaritanos. Os judeus basicamente viam os samaritanos como mestiços, um grupo misto de pessoas que não eram tão puras ou piedosas como ele eram.

A história continua:

Quando [o samaritano] viu o homem, sentiu compaixão por ele. Aproximando-se dele, o samaritano ungiu suas feridas com azeite e vinho e fez curativos. Em seguida, colocou o homem em seu próprio burro e o levou para uma pousada, onde cuidou dele. No dia seguinte, ele entregou ao estalajadeiro duas moedas de prata, dizendo-lhe: "Cuide desse homem. Se a conta dele for mais alta do que isso, vou pagar a você na próxima vez que estiver aqui".

O orgulhoso líder religioso que ouviu Jesus deve ter ficado sem palavras. Ele também provavelmente estava um pouco chocado. O samaritano, a pessoa de quem menos se esperava ajuda, foi quem tomou a atitude na história de Jesus.

Então, Jesus perguntou: "Agora, qual desses três você diria que era próximo do homem que foi atacado por bandidos?"

Quase posso ouvir a resposta tímida do homem, humilhado e surpreso com a resposta de Jesus à sua pergunta arrogante sobre quem merece ser amado. "O homem respondeu: 'Aquele que lhe mostrou misericórdia'."

Jesus o deixou com isto na cabeça: "Sim, agora vá e faça o mesmo".

O homem religioso esperava uma resposta sobre o céu estar aberto para aqueles que seguem todas as regras, são respeitáveis e sabem argumentar, como ele. Jesus disse que não é o caso. O céu será herdado por aqueles que, por amor a Deus, amam de verdade o seu próximo, que se abaixam para ajudar as pessoas que estão à sua frente.

• • •

Agora, de volta à consideração de como e onde podemos ajudar as pessoas. Passo um? Desacelerar.

Quando você está correndo cada dia a milhares de quilômetros por hora, é difícil notar as pessoas ao longo da estrada de sua vida. Tire os olhos do telefone e olhe para cima. Em vez de se ocupar com um monte de outras coisas entre uma reunião e outra, pare um pouco para dizer "olá" para alguém que esteja por perto.

Passo dois? Mantenha seus olhos abertos.

Quem é a pessoa bem à sua frente, aquela que Deus colocou em sua vida esperando que você nunca desse falta dela? Eu não tinha ideia de que Trevon era meu vizinho ou que ele frequentava minha igreja. Ele estava lá o tempo todo, bem na minha frente, e eu estava muito ocupado olhando para outras coisas para perceber que ele precisava de ajuda.

Quem é essa pessoa para você? Quem é o seu próximo? Quem é o seu Trevon?

Talvez seja um amigo com quem não fala há algum tempo, aquele com quem você tem medo de falar. Talvez você saiba que seu colega de trabalho está passando por um momento difícil, mas não sabe como ajudá-lo. Talvez seja sua mãe. Talvez seja seu irmão. Talvez seja literalmente o seu vizinho. Todas essas pessoas são seus próximos. Ame-os! Ame as pessoas que você vê.

Por meio da história do Bom Samaritano, Jesus nos ensina que o amor nem sempre é chamativo ou vistoso. Para amar plenamente, não precisamos viajar milhares de quilômetros ou ser reconhecidos por nossas boas ações. Em vez disso, só precisamos enxergar as pessoas. Notá-las. Percebê-las no momento de necessidade. Procurá-las e amá-las.

Amar talvez seja comprar café para alguém e realmente ouvir o que ele têm a dizer. Talvez seja sorrir para sua colega de trabalho ou ajudá-la a fazer as malas e se mudar pela cidade. Talvez seja ajudar alguém a preencher um formulário de emprego. Ajudar seu amigo a definir um orçamento pessoal. Ajudar alguém a consertar o carro. Talvez seja levar uma mãe solteira e seus filhos até que ela consiga se reerguer. Talvez seja dar uma carona para uma criança do seu quarteirão até a escola.

Seja como for em sua vida, podemos ter certeza de uma coisa: o amor enxerga o outro. Como sabemos disso? Porque o próprio Jesus nos mostrou como amar desse jeito. Ele era Mestre em ver aqueles por quem a maioria das pessoas passava direto.

• • •

Estou tão feliz por ter tido a chance de levar Trevon para a escola naquele dia. Acredite em mim, estou longe de ser um especialista em amar as pessoas como Jesus, mas naquele dia aprendi que, quando enxergamos as pessoas ao nosso redor, somos tão beneficiados quanto elas. Trevon conseguiu uma carona para a escola naquele dia e algumas palavras gentis de seu pastor — mas eu fui inspirado! Ele me lembrou das histórias incríveis que nos cercam o tempo todo e de quantas vezes perdi oportunidades por estar ocupado demais, exausto demais, compromissado demais.

Ao chegamos à escola, eu disse ao Trevon como eu estava orgulhoso de ser o pastor dele. E agora éramos amigos.

Quando ele saiu do carro, eu disse: "Bem, agora você sabe onde moramos e, de novo, somos uma família, então dê uma passadinha se quiser conversar ou precisar de ajuda com qualquer coisa. Eu faria qualquer coisa por você".

12

Tony

O amor alcança o diferente

Um dos voluntários que usava essas câmeras nas manhãs de domingo na Embrace às vezes aparecia com resquícios de maquiagem da noite anterior sob os olhos. O nome dele? Tony.

Por que havia maquiagem nesse cara? Bem, em muitas noites de sábado, Tony se veste como um artista *drag queen*.[1]

---

1 Agora, antes de você ficar todo irritadinho e incomodado, este livro não é sobre o seu ponto de vista ou o meu a respeito de um tópico polêmico específico. Tente deixar de lado sua posição sobre isso e apenas veja Tony. Ao escrever este capítulo, senti a necessidade de explicar melhor meus próprios pontos de vista, mas Jesus não se sentia assim. Ele não sentiu a necessidade nem de se explicar constantemente, nem de explicar suas intenções. Em vez disso, Ele apenas andou com as pessoas sem se preocupar como isso poderia ser interpretado e as encontrou onde elas estavam. Estou me esforçando para ser assim. Muitas igrejas falam

Confissão rápida: certa vez, na faculdade, passei a noite inteira sentado em um restaurante chamado Fryn'Pan, estudando para o teste de economia do dia seguinte.[2] Enquanto eu estava no banheiro, um cara de uns 1,88m de altura vestido de travesti entrou. O cara não disse uma palavra para mim, mas por algum motivo eu fiquei com medo ao ver um cara grandão, esquisito e meio assustador. Não tenho certeza se foi a altura dele ou o fato de que eu ser apenas um garoto de uma cidade pequena que nunca tinha visto uma *drag queen* antes, mas tive um pesadelo com isso naquela semana.

Muitas vezes temos medo de coisas que são diferentes, não é? Mas diferente não significa necessariamente algo ruim ou errado. Simplesmente significa que não é como nós.

Bom ou mal. Certo ou errado.

Alguém fisicamente diferente de nós ou com deficiência. Alguém que é apaixonado por algo sobre o qual nada sabemos. Alguém que pensa e vive de forma diferente. Diferenças políticas, morais, seja o que for.

Isso nos surpreende.

Voltando ao Tony, ele começou a frequentar a igreja alguns anos atrás, depois que outra igreja deixou bem claro que ele não era bem-vindo. Ele era um alcoólatra em recuperação que estava muito ferido e sofria

---

muito sobre amar pessoas como Tony, mas no final das contas, as igrejas não têm lugar para elas. Não tenho todas as respostas, mas sei que na Embrace fazemos o nosso melhor para viver a promessa de Jesus com o calor que o nosso nome sugere. Isso às vezes nos leva ao que parece ser um território desconhecido no mundo da igreja, mas não é desconhecido para Jesus! Decidimos que nosso chamado é amar radicalmente, compartilhar a graça e a verdade de Ele e viver com qualquer pessoa que se sinta atraída por Ele.

2   Noitadas nunca seriam uma boa opção para mim. Eu chegaria a qualquer teste que tivesse no dia seguinte exausto e tonto com as seis canecas de café que beberia para ficar acordado.

bastante. Tendo crescido em uma igreja tradicional onde sabia todas as respostas certas, mas não se encaixava totalmente, Tony se perguntava se ainda havia um lugar para ele na igreja.

A cada semana, eu via Tony servindo de modo fiel e hábil — voluntariando-se antes mesmo que a maioria dos fiéis acordasse. No passado, Tony ajudou com o som e a tecnologia em diferentes turnês de música cristã e em igrejas, porém mais do que ser bom em apertar botões e mover controles, Tony era rápido em amar as pessoas. Frequentemente, ele aparecia de manhã com o café favorito de um pastor ou outro voluntário, sem esperar nada em troca.

Tony sempre tinha uma atitude positiva.

Tony, um sujeito que estava disposto a fazer qualquer coisa.

Tony, aquele que fazia parte da nossa família.

Em uma base regular, Tony me disse o quão grato ele era por sua família da igreja. Mas, realmente, eu estava muito grato por ele fazer parte de nossa família. Ele poderia ser o que quissesse aos sábados, mas em nossa igreja Tony era apenas o Tony.

Ao longo dos anos, Tony e eu conversamos sobre o plano de Deus para nossa vida, incluindo a sexualidade, compartilhando abertamente aquilo em que concordávamos e discordávamos. Sabe o que nunca foi uma questão? O amor de Tony por mim e meu amor por Tony. Ainda mais do que isso, o amor de Deus por nós dois.

Algo que nunca esqueci foi o aniversário de sobriedade de Tony. Era um domingo, e Tony apareceu como voluntário na igreja, trazendo um grande bolo de biscoito. Entre um culto e outro, ele me disse que havia deixado um pedaço do bolo no meu escritório. Hipnotizado pela ideia de haver um bolo de biscoito, eu rapidamente deixei nossa conversa para devorar cada grama do pedaço que ele havia deixado pra mim. Foi realmente incrível. Depois, fui procurar Tony para agradecê-lo. Eu o encontrei na entrada da igreja, quando as pessoas estavam chegando para o próximo culto.

"E aí, como está sendo seu aniversário?", perguntei.

"Honestamente, tem sido muito difícil", disse ele. "Recentemente, abri o jogo com meus a meu respeito. Eles me convidaram para almoçar, e eu não tinha ideia do que esperar. Meu pai disse que eles não aprovavam meu estilo de vida e passou a dizer que sou a maior decepção da história de nossa família".

Eu me levantei e ouvi enquanto ele compartilhava suas emoções. Depois de alguns momentos, falei. "Bem, Tony, isso é terrível! E sinto muito que seu pai disse isso. Tenho certeza de que ele mesmo está processando muitas coisas, mas saiba que você não é uma decepção. Você não é uma decepção para mim. Você não é uma decepção para a nossa igreja. Não seríamos os mesmos sem você".

Só porque somos diferentes, não significa que somos decepções.

Mais tarde, naquele dia, no meio das fotos de drag de seu Instagram, Tony postou uma foto da vista por trás da câmera na igreja onde ele havia prestado serviço naquela manhã. A legenda?

"Eu comemorei meu aniversário hoje com minha família favorita. Eu amo esta igreja."

• • •

Na Bíblia, encontramos um grupo de pessoas chamadas de leprosos. Diferentes dos pecadores — pessoas que eram conhecidas por fazerem coisas más —, os leprosos eram simplesmente vistos como impuros, não por causa do que faziam, mas por causa de quem eles eram.

Você deve saber que a hanseníase é uma doença que afeta a pele. À medida que essa doença avança, a dor transforma-se em dormência, e a pele perde a sua cor original, tornando-se espessa, brilhante e escamosa. Feridas e úlceras se desenvolvem ao redor dos olhos e das orelhas, e a pele começa a se enrugar. A hanseníase também afeta a voz e a capacidade de fala do paciente.

Muito pior do que o aspecto físico da hanseníase, porém, é a forma como costumava impactar as pessoas socialmente. Nos tempos bíblicos, os leprosos eram obrigados a gritar "Imundo!" ao se aproximarem de uma multidão, para garantir que ninguém os tocasse acidentalmente. Pense em algo que pode imediatamente fazer você se sentir menos que humano.

Em certa ocasião, Jesus cruzou o caminho de um leproso.[3] O leproso percebeu Jesus e, embora soubesse que isso era contra as regras, aproximou-se dele.

Jesus tinha a capacidade de curar sua lepra, mas Ele faria o impensável? Ele iria querer estender a mão e *tocar* aquele homem impuro? Ele o curaria ficando a um braço de distância? Correndo o risco de pegar uma doença física e se tornar espiritualmente impuro, Jesus estendeu a mão e tocou o leproso. Sim, Ele queria tocá-lo. Jesus estendeu a mão e curou o leproso.

Naquele momento, um homem que não era tocado havia anos foi tocado. Ele foi tocado por aquele que foi capaz de curá-lo de dentro para fora. Ele foi tocado por Jesus. Pele com pele. Dizem que os seres

---

3   Essa história sobre o leproso e Jesus está em Mateus 8:1-4, que parafraseei.

humanos precisam de oito a dez toques por dia para se manterem física e emocionalmente saudáveis. Você pode imaginar quem não é tocado por ninguém há anos?

...

O toque importa.[4]

Quando eu era criança, adorava quando papai estendia a mão para segurar minha mão e ela desaparecia na dele. Nada era melhor do que descer do ônibus escolar e receber um abraço da mamãe. Ou um tapinha nas costas do meu treinador de futebol da escola depois de um jogo. Um "bate aqui" de um amigo. Um toque no ombro de alguém me agradecendo por impactar sua vida. Quando conheci minha esposa, nunca esquecerei a primeira vez que tocamos as mãos.[5] E ontem à noite, quando fui ao hospital para orar com um homem de 84 anos de minha igreja, ele estendeu a mão e segurou a minha durante a oração.[6]

---

4   Muitos estudos mostram que o toque afeta nosso bem-estar emocional quase mais do que qualquer outra coisa. Um inteligente neurocientista chamado David Linden observou que, dos nossos cinco sentidos como humanos, o toque é o mais importante e, no entanto, frequentemente o mais negligenciado. David J. Linden, "The Science of Touching and Feeling", 19 de janeiro de 2017, *TED Radio Hour*, vídeo TEDx Talk, 14:15, www.npr.org / 2017/01/20/510627341/por que é importante ser-tocado.

5   Bec e eu tocamos as mãos pela primeira vez no Campus Park em Sioux Falls. Foi a primeira vez que ela veio me visitar, tendo vindo de Grand Forks, Dakota do Norte, onde fez sua faculdade. O Campus Park ficava a apenas um quarteirão da minha casa. Aproximamo-nos, sentamos nos balanços e, depois de mais ou menos uma hora, finalmente ganhei coragem para estender a minha mão e agarrar a dela. Dentro de mim havia fogos de artifício. Acho que até me lembro de ver anjos dançando no céu. Certo, talvez não anjos, mas você entendeu.

6   Gordie, você é um dos meus favoritos. Amo você. Billy II.

O toque une duas pessoas. O toque une.[7] Quando nos tocamos, literalmente entramos no espaço do outro. Os dois se tornam um no casamento, mas, em um nível menor, isso acontece cada vez que tocamos alguém. Nós comunicamos, *Você é digno de amor. Você é feito à imagem de Deus. Você é adorável. Você é lindo.*

Ser tocado é importante.[8]

Seria incrível ser tocado fisicamente por Jesus, não é?

• • •

Pessoas como Tony costumam ser consideradas leprosas na maioria das igrejas. A igreja não chega a dizer que eles não deveriam estar lá, e as pessoas não são obrigadas a gritar: "Impuro!" conforme eles passam pelas portas, mas a verdade é que tomamos cuidado para não chegarmos muito perto. Para tocá-los. Para nos associarmos a eles. Para amá-los inteiramente.

Mesmo que isso nunca seja abordado no púlpito, muitas igrejas deixaram bem claro que alguns tipos de pessoas são bem-vindas e outras não. Não é apenas o que elas fazem que é errado, elas é que são as erradas.

Pode ser a sexualidade de alguém.

Ou um caso que a pessoa teve.

Ou uma pena que ele pegou por dirigir alcoolizado ou drogado.

---

7 Isso me faz pensar em Elliott e ET. # ETtelefonedecasa.

8 O toque é algo poderoso. É por isso que quando somos tocados de forma inadequada, ou por alguém que não queremos ser tocados, mesmo que não nos machuque fisicamente, isso afeta nossa alma. Se isso faz parte da sua história, sinto muito. Não posso encorajá-lo o bastante para falar com alguém, para contar a alguém.

Um crime cometido.

Um filho que está lutando contra as drogas.

Uma filha com uma gravidez não planejada.

Traçamos nossa linha na areia, e se uma pessoa chegar perto dela, então ela realmente não deveria entrar pelas portas aos domingos. Nós dizemos...

"Não é que você não pode vir; nós simplesmente não queremos você aqui."

"Não é que você não foi convidado; é que você realmente não se encaixa."

"Não é que não amemos você como um cristão deveria; é que não aprovamos o que você está fazendo e queremos que você saiba disso."

Parece familiar? Talvez você já tenha estado em uma igreja como essa antes. Talvez você já tenha sido essa pessoa antes. Um amigo recentemente me disse: "Se você for diferente de alguma forma, a igreja é o último lugar onde você deseja estar. A igreja vê um unicórnio e diz: 'Isso não é bom!'".[9]

Mas e se a igreja recebesse e amasse os unicórnios — pessoas que são diferentes — melhor do que qualquer outro grupo, organização ou movimento do mundo? Outros grupos *parecem* dar as boas-vindas às pessoas, mas se você olhar além da superfície, eles normalmente só dão as boas-vindas às pessoas que são como eles, pensam como eles, votam como eles, vivem como eles. E se a igreja fosse diferente?

---

9 O amigo que me disse isso foi Chad Pickard. Se você precisar de um pouco de sabedoria, vá procurá-lo. Ele normalmente começa sua manhã no centro de Coffea Roasterie em Sioux Falls. Então, você pode encontrá-lo em Spoke-N-Sport. Ele é como Yoda, "só que mais bonito". Palavras dele, não minhas!

Só posso esperar que a minha igreja e as outras que estão espalhadas pelo mundo se pareçam com a igreja que Jesus tinha em mente. Quero pastorear uma igreja cheia de pessoas que se parecem com aqueles com quem Jesus anda. Não pessoas que ninguém mais queria tocar com uma vara de três metros, mas aquelas de quem Jesus se aproximou. Porque, na verdade, somos todos leprosos de alguma forma. Há muitas coisas sujas em nossa vida; é apenas mais difícil ver nossa própria lepra do que ver a lepra dos outros.

Quer amar pessoas que são diferentes de você? Assuma a posição desconfortável. Tenha conversas reais com pessoas conhecidas que pensam de forma diferente de você. Mova-se do seu espaço para o de outra pessoa. Conheça outros no terreno deles. No lugar de conforto *deles*, não no seu. Pergunte. Peça-lhes que compartilhem suas histórias e depois as ouça. Concorde em discordar.[10]

Se há uma coisa que perdemos, como sociedade, é a capacidade de pensar de forma diferente e ainda amar e respeitar uns aos outros. Gostamos de polarizar e classificar as pessoas. Os conservadores polarizam com os progressistas. Os progressistas polarizam com os conservadores. Triste! Se as pessoas são diferentes de nós, gostamos de rotulá-las e demonizá-las. É impossível amar alguém que rotulamos.

Mas o amor quebra as regras. O amor põe de lado o medo. O amor vai além daqueles que são como nós.

Assim como eu, Tony não é uma pessoa perfeita. Como seu pastor, não era meu trabalho mudá-lo, nem a ninguém — esse é o trabalho de Deus. Como acontece com qualquer outra pessoa em minha igreja, meu

---

10 John Wesley deu uma boa palavra sobre isso: "Embora não possamos pensar da mesma forma, não podemos amar da mesma forma?" John Wesley, *The Works of the Reverendo John Wesley*, vol. 1 (Nova York: Emory e Waugh, 1831), 347.

trabalho era me aproximar de Tony e falar com ele sobre a graça e a verdade de Deus. Para amá-lo de verdade e, finalmente, encaminhá-lo para Jesus. Ele é quem vai virar sua vida de cabeça para baixo, assim como continua a fazer com a minha.

Quero que meu amor seja como Jesus curando o leproso. Ironicamente, Tony fez isso melhor por mim do que eu jamais fiz por ele. O amor de Tony vai além daqueles que são como ele, até mesmo para um pastor que uma vez teve um pesadelo com uma *drag queen*. É assim que quero que meu amor seja. Nem preciso dizer que ainda estou em processo.

. . .

Há alguns meses, Tony recebeu uma promoção que o tirou da cidade. Porém, antes de sair, ele compartilhou no Facebook sobre seu amor pela igreja e pelas diferentes pessoas que fazem parte dela. Ele me marcou.

Tenho que admitir, meu primeiro pensamento foi: *Devo remover a postagem? O que outros pastores e cristãos vão pensar de mim sendo marcado por um cara cuja página do Facebook está cheia de imagens de drag queens?* Eu amo muito Tony, mas me preocupava em receber e-mails negativos e ser julgado durante um período em que eu já estava vulnerável e não queria mais gente me odiando. Estar publicamente associado a Tony me tornaria "impuro" aos olhos dos outros? Triste, não é mesmo?

Depois de ir e voltar em minha cabeça por um tempo, senti Jesus falar: *Se você deseja se associar com as pessoas com quem me associo, convém sair com mais pessoas como Tony, não menos. Ele é meu filho. Muito amado. E, Adam, estive associado a você por toda a sua vida e conheço sua própria impureza tanto quanto a de Tony.*

Caiu a ficha! Olhando para trás, fico com vergonha de ter hesitado. Tony, sinto muito.

Meses se passaram desde que Tony se mudou, mas cerca de uma semana atrás, ele voltou à cidade para a entrega de sua casa. O primeiro lugar onde ele parou? A igreja. Tony e eu conversamos por algumas horas. Rimos. Colocamos o papo em dia. Ele compartilhou sobre a transição e sua busca por um novo lar na igreja e um grupo de AA. Não consigo colocar em palavras o quanto precisava do tempo que passei com Tony.

Antes de sair, ele me abraçou. *Toque.* Eu precisava de um abraço.

Ao longo dos meus treze anos como pastor, alguns seguidores de Jesus saíram da minha vida. Pessoas que conheciam bem a Bíblia, mas se afastaram sem nenhum motivo específico. Depois, houve pessoas como Tony que, mesmo depois de se mudar pra um lugar distante, ainda não me deixou. Ele ficou. Ele estendeu a mão para ver como eu estava. Ele cuidou de mim. Ele me amou.

É estranho como às vezes um leproso pode se parecer mais com Jesus do que uma pessoa religiosa. O amor se estende e toca aqueles que são considerados impuros.

O amor alcança a pessoa que é diferente. Ponto.

13

Mark

O amor enfrenta
a hipocrisia

Não há ninguém que eu lute para amar mais do que os fariseus. Ninguém.

Essas são as pessoas que gostam de apontar as falhas dos outros e que pensam ser mais santas e melhores do que qualquer outra pessoa por causa de suas profundas percepções, perfeição religiosa, intensidade espiritual e palavras eloquentes (imagine um tom sarcástico aqui). É quase como se eles nunca tivessem lido as palavras de Jesus que eles proclamam como verdadeiras com tanta ousadia e orgulho.

Nos dias de Jesus, os fariseus eram os líderes religiosos de elite, pessoas que pareciam superpiedosas e se viam como especialistas da lei.

Eram como os "bons garotos" da igreja que estão lá desde sempre — e não no bom sentido. Parece até que eles são os donos do lugar.

Os fariseus orgulhosamente afirmavam saber o que era certo e errado melhor do que ninguém. E era *tudo* sobre regras. Esse grupo de pessoas via como seu trabalho — em nome de Deus, é claro — apontar as falhas, os erros e os pecados na vida de todos ao seu redor. Ao mesmo tempo, eles falharam em olhar para o pecado em suas próprias vidas.

Nós não usamos o termo *fariseu* hoje em dia, mas eles ainda estão entre nós.[1] Até certo ponto, há um fariseu dentro de cada um de nós (definitivamente há um dentro de mim). Em algumas áreas de nossa vida ou talvez em todas elas, achamos que temos tudo sob controle. Que nossos métodos são os melhores. Que temos tudo o que é preciso. Mesmo quando se trata das coisas de Deus, alguns de nós pensam que temos todas as respostas, que somos melhores do que qualquer outra pessoa.

A verdade é que não somos assim. Até mesmo *pensar* que somos melhores nos torna piores do que a pessoa com o pecado mais visível. Ironicamente, a vida dos fariseus costumava ser o oposto do que estava no coração de Jesus. Ele usou suas palavras mais fortes para lidar com essas pessoas religiosas. Acho que nós, "pessoas da igreja", esquecemos isso rapidamente!

• • •

Alguns anos atrás, um cara chamado Mark começou a frequentar a Embrace. Depois de seu primeiro culto conosco, Mark rapidamente me

---

1   Se nossa intensidade espiritual não nos leva a ter mais bondade, gentileza, autocontrole e amor em nossa vida, não estamos nos tornando mais santos — estamos nos afastando de Deus.

procurou após a reunião, compartilhando algumas coisas de que ele realmente gostava na igreja. Eu disse: "Maravilhoso. Graças a Deus!".

Ele então disse: "Mas uma coisa eu queria mencionar a você... gostaria que você se aprofundasse na Palavra. Sempre gosto quando o pastor compartilha o que diferentes palavras significam no grego e realmente vai além da superfície. A mensagem é boa, mas quero me aprofundar em minha caminhada com Jesus. Acho que se você fizesse isso, realmente me ajudaria a chegar lá".

Contei a ele sobre alguns lugares onde ele poderia se aprofundar nos versículos e nos livros da Bíblia que eu havia compartilhado naquela manhã. Mark não parecia muito interessado em descobrir mais dessa forma, mas ele me agradeceu por ter conversado com ele e foi embora.

No domingo seguinte, Mark me encontrou depois do culto mais uma vez. Dessa vez, ele mencionou uma ou duas coisas que gostou do culto e, em seguida, perguntou rapidamente: "A igreja tem algum grupo que realmente vai mais fundo na pesquisa? Eu tenho seguido Jesus há muito tempo e quero ir além da superfície. Tudo o que você compartilhou é ótimo para novas pessoas, mas eu já ouvi quase tudo antes".

Mencionei alguns grupos que estavam estudando um livro da Bíblia em detalhes, mas quando Mark descobriu que eu não estava liderando pessoalmente os grupos, ele não pareceu interessado. Então, eu o incentivei a considerar que ele liderasse um grupo de estudo. Especialmente com seu conhecimento da Bíblia, presumi que ele aproveitaria a chance de compartilhá-lo com outras pessoas. Mark rapidamente comentou que sua vida era muito agitada, seus filhos praticavam muitos esportes, e ele não tinha tempo para acrescentar mais nada.

"Sem problemas. É só uma ideia", eu respondi.

Ao longo das semanas seguintes, Mark me procurou todos os domingos para compartilhar suas ideias sobre o serviço. Em vez de começar a conversa dizendo o que gostava, porém, ele apenas compartilhava o que achava que estava faltando — não apenas no culto em si, mas também em outras áreas da igreja.

"A igreja deveria ter mais voluntários", disse ele, mas ele mesmo não pôde se juntar a Se uma equipe de serviço. Ele queria ver nossas finanças — que publicamos em nosso site —, mas admitiu que não estava fazendo doações no momento.

A cada semana que passava, eu podia ver a frustração de Mark com a igreja crescendo cada vez mais. Normalmente, quando pensamos em "igrejas para o gosto do consumidor", pensamos em igrejas que tentam entreter as multidões com luzes brilhantes, peças de teatro e músicos, na esperança de atrair mais membros. Pessoas que são "consumidores superficiais da igreja" pulam de igreja em igreja, apenas querendo se divertir e se sentir bem.

Mas há uma versão mais sutil dos consumidores da igreja que, por fora, parecem muito mais santos. O "consumidor mais profundo da igreja" não está procurando fazer nada pela igreja ou realmente servir, mas falam sobre a igreja ser exatamente como eles gostam e nada mais.

Eu quero ser alimentado. Por que a igreja não faz mais isso? A igreja se preocupa com isso? Não estou me sentindo pessoalmente convencido. Por que não posso me encontrar com o pastor regularmente? Mark me lembrou desse tipo de pessoa.

Realmente não importa se você é um cristão "superficial" ou um cristão "profundo"; você ainda pode ser um consumidor. Sim, todos devemos nos perguntar se estamos aprendendo e crescendo em uma determinada igreja, mas, honestamente, a igreja não está lá para atender às nossas necessidades. Por falar em palavras gregas, a igreja primitiva foi descrita com o uso da palavra *koinonia,* que significa "comunidade que contribui". O que aconteceria se julgássemos nosso nível de "profundidade" pelo que contribuímos, e não pelo que somos alimentados?

Como um cara saudável de 38 anos, não consigo me imaginar pedindo a meu pai para me alimentar. Mesmo que ele seja a pessoa mais legal que conheço, ele provavelmente responderia gentilmente: "O quê? Você está brincando? Você não consegue se alimentar sozinho, Adam?".

É isso que estamos fazendo quando nós, como cristãos adultos, pedimos que a igreja nos alimente. Não é o trabalho da igreja fazer isso — é o nosso trabalho! Você está conectado a um grupo? Está doando? Servindo? Tem investigado a mensagem e a Bíblia em seu próprio tempo? É assim que você é alimentado espiritualmente por outra, não aparecendo uma vez por semana e esperando um pastor ficar falando 30 minutos no púlpito para guiá-lo pelos altos e baixos de sua semana.

Mas voltando à nossa história. Algumas semanas se passaram e Mark não me procurou mais aos domingos. Achei que ele tinha buscado uma nova igreja.[2] Para ser sincero, em anos passados eu teria tentado convencer pessoas como Mark a ficar, mas, naquele momento, simplesmente me sentia grato por ele ter mudado. Eu amo que diferentes igrejas tenham focos e paixões específicas que alcancem e ministrem para as

---

2   Isso é o que normalmente acontece. Se uma igreja não é "profunda" o suficiente, então a pessoa vai à procura de outra que seja. Eles ficam satisfeitos por alguns meses, mas mais uma vez a nova igreja não é o que esperam, então eles se desligam e vão para outra igreja. Sábia conclusão: se você está constantemente pulando de uma igreja para a outra, de um relacionamento para o outro, de um emprego para o outro, de um (preencha o espaço em branco) para o próximo, o problema é você! Você pode tentar desculpar-se dizendo "o Espírito Santo está me guiando", mas o Deus que conheço fala muito sobre ser fiel e consistente e não ficar pulando esporadicamente de um lugar para outro.

pessoas em lugares diferentes em seu relacionamento com Jesus. A igreja foi chamada por Jesus de corpo de Cristo. Algumas delas são as mãos desse corpo, e outras são os pés.[3] Eu esperava que Mark pudesse ter encontrado uma igreja que o preenchesse de uma forma que a Embrace não conseguiu.

Fazia algum tempo que eu não pensava em Mark, até que um dia recebi um e-mail dele dizendo que precisava se encontrar comigo. Ele explicou que havia conversado com duas outras pessoas que compartilhavam preocupações semelhantes sobre a igreja e que queriam me fazer algumas perguntas. Respondi que adoraria me encontrar com ele, e marcamos uma data.

Não pensei muito mais sobre o e-mail até que, algumas semanas depois, entrei em uma sala com Mark e as outras duas pessoas preocupadas. Mesmo antes de uma palavra ser dita, eu sabia que não estávamos prestes a ter um encontro amigável conversando sobre Jesus. Sentei-me e imediatamente as perguntas começaram.

"Precisamos de mais teologia aos domingos. Mais carne. Mais substância. Quero realmente me envolver e adorar. O que a igreja tem feito para aprofundar o conhecimento das pessoas?"

"Sua igreja é baseada na história do filho pródigo? É uma boa história, mas não é uma boa base para uma igreja. Na verdade, é bastante antibíblico. Você já pensou em mudar o nome da Embrace?"

"Adoro receber os convidados pela primeira vez, mas a igreja aos domingos não é para eles. É para pessoas que já seguem Jesus, não para

---

3 Sempre me perguntei qual igreja é considerada a linha da calvície? A vesícula biliar? Os pelos corporais? Acho que vou parar aqui!

incrédulos. Domingos devem ser apenas para as pessoas que já são cristãs. Você pode mudar isso?"

Eu novamente sugeri diferentes lugares onde eles poderiam servir. Falei sobre eles liderarem um grupo para "ir mais fundo" nas maneiras específicas que mencionaram. Compartilhei o coração e a história da base bíblica do Embrace com eles, mas estava claro que essas não eram as respostas que Mark e os outros dois estavam procurando. Algumas semanas se passaram após o nosso encontro, e eu esperava que eles me dissessem que a Embrace não era a igreja certa para eles e que eles iriam embora para encontrar um lugar que atendesse melhor às necessidades deles. Em vez disso, recebi um telefonema de um amigo.

"Adam. Um cara chamado Mark me procurou. Não sei quem ele é, mas disse que está preocupado com a igreja. Ele tem compartilhado todos os tipos de coisas comigo e algumas outras que simplesmente não são verdadeiras."

Acontece que Mark e seus amigos deixaram a igreja, mas em vez de falar mais comigo sobre seus problemas, eles falavam com qualquer pessoa que quisesse ouvir. Eu estava com o coração partido.

Minha vontade era dar uns tapas na cara do Mark! Eu queria dizer a ele: "O que Deus tem a dizer sobre fofoca? Que tal tentar ferir e dividir uma igreja? Que tal espalhar coisas que não são verdadeiras? Você quer ir mais fundo, mas nunca liderou um pequeno grupo sozinho? Quer ir mais fundo, mas não tem tempo para servir? Você adora apontar os defeitos dos outros, mas nunca ouvi você dizer nada sobre as suas próprias falhas. Você quer ir mais fundo, mas tudo o que ouço de você é 'eu, eu, eu, eu'".

168 | O Amor tem um nome

Vez após vez, Jesus repreendeu os líderes religiosos de sua época. Quando digo "repreendeu", quero dizer que Ele usou suas palavras mais fortes contra eles: Víboras. Hipócritas. Taças limpas por fora, mas feias por dentro. Pessoas que Ele conhece de longe.[4]

Eu estava com muita raiva dessas víboras e queria apontar todos os lugares onde elas estavam erradas. Enquanto na minha cabeça eu socava a garganta delas, abri o Twitter, apenas para ver esta postagem de Scott Sauls:

"O 'fariseu da graça' julga as pessoas que julgam. Um fariseu sem amor lidando com fariseus sem amor."[5]

"Um fariseu sem amor lidando com fariseus sem amor". Ai!

Sem perceber, eu estava me transformando em um fariseu da graça enquanto lidava com esses fariseus em minha vida. Ao invocar a injustiça que estendiam aos outros, eu também estava me tornando um deles. Foi uma pílula difícil de engolir. A diferença entre Jesus e eu é que embora Jesus repreendesse os fariseus, Ele ainda os amava incondicionalmente. Eu queria repreendê-los, mas não amá-los!

Provavelmente tenho dificuldade em amar os fariseus porque, embora eu saiba muito sobre Jesus, sei que ainda não sei nada. Tenho seguido a Jesus por mais de 20 anos, tenho um mestrado em divindade e fui ordenado pastor há mais de uma década, mas parece que sei muito pouco além do fato de que sou um pecador em recuperação

---

4   Veja Mateus 23:25, 33.

5   Scott Sauls é o pastor da Igreja Presbiteriana de Cristo em Nashville, Tennessee. Ele é uma das melhores pessoas para seguir no Twitter (@ScottSauls). Existem poucos pastores que respeito mais do que Scott, por sua sabedoria divina ou pela vida que vivem! Scott Sauls (@ScottSauls), "The 'Grace Pharisee' critica as pessoas que julgam", Twitter, 28 de fevereiro de 2020, twitter.com/scottsauls / status/1233406953591889920.

necessitando desesperadamente de Jesus.[6] Eu falho constantemente. A última coisa que eu gostaria de fazer é apontar com orgulho as falhas na vida de todas as outras pessoas.

Para ser ainda mais honesto, eu luto para amar os fariseus porque me importo profundamente com o que os outros pensam de mim, e não quero que eles apontem as minhas falhas, pessoalmente, em meu relacionamento com Jesus ou na igreja que eu pastoreio.

Também é muito mais fácil reconhecer o fariseu que habita nos outros. Fazemos isso com muitas coisas, não é? É mais fácil ver as falhas, o orgulho e a inveja nas pessoas do que em nós mesmos.

Imediatamente endureci meu coração quando enfrentei a atitude arrogante de um fariseu. Eu fiquei na defensiva, e quando isso acontece — *assim como um fariseu* —, paro de me importar com a pessoa em questão. Nessas horas, eu honestamente poderia me importar menos com a história dela, com quem ela é ou em amá-la.

Talvez esse fariseu realmente queira crescer em seu amor e compreensão de Deus. Talvez esteja lutando contra um vício e tentando escondê-lo atrás de uma capa de justiça. Talvez tenha crescido em um lar rígido, onde só ouviu falar sobre a ira de Deus, mas nunca sobre o amor dele. Talvez essa pessoa acredite na mentira de que você pode, de alguma forma, ganhar a graça de Deus e ela nunca se sentiu digna da atenção do Senhor.

Quando nosso coração está impenetrável, não somos capazes de pensar ou amar com clareza. Então, como amar os fariseus em nossa vida sem nos tornarmos fariseus da graça?

---

6   Meu bom amigo Roger Fredrikson sempre dizia: "Adam, sou apenas um pecador em recuperação que precisa de Jesus". Sinto muito a sua falta, Roger.

O Amor tem um nome

Acho que Jesus tem algumas respostas para nós.

...

Em certo ponto da leitura da Bíblia, encontramos um fariseu chamado Nicodemos, que procurou Jesus.[7] Confuso, ele foi até o Mestre para lhe fazer uma pergunta complementar: "Como pode um homem velho voltar para o ventre de sua mãe e nascer de novo?".

Jesus respondeu e explicou a Nicodemos sobre o Espírito Santo e sobre como Deus nos torna novas criaturas. Ainda confuso, porém, ele faz outra pergunta a Jesus: "Como essas coisas são possíveis?".

Jesus foi direto ao ponto e falou com ele com franqueza: "Você é um respeitado mestre judeu, mas não entende essas coisas?".

Tradução: *se você é um bom religioso, como pode não saber disso?*

Apesar disso, Ele continuou a compartilhar sobre como "Deus amou o mundo" e todos os que nele habitam ao ponto em que "deu o seu único filho" para que qualquer pessoa, literalmente *qualquer* pessoa que acreditar nele, tenha "vida eterna".

Jesus não fez rodeios com Nicodemos. Em vez disso, Ele o chamou. Suavemente. Falou a verdade, embora com graça e amor.

A observação "Como você pode não saber disso?" mudou rapidamente para "Deixe-me falar sobre o quanto Deus o ama". Graça e verdade. Mais uma vez, é assim que Jesus ama.

Mais ou menos um ano depois, Nicodemos cruzou o caminho de Jesus novamente. Dessa vez, porém, não foi para fazer mais perguntas

_____

7   Essa história sobre Nicodemos e Jesus está em João 3:1-21, que parafraseei.

a Ele, que acabara de morrer na cruz, seu corpo estava prestes a ser sepultado e Nicodemos apareceu para ajudar nos preparativos para o enterro. Disseram-nos que Nicodemos trouxe cerca de 25 quilos de mirra, aloés e alguns outros óleos essenciais para ajudar na preparação do corpo.[8]

A vida de Nicodemos foi mudada por Jesus. Após a crucificação, todas as multidões e até mesmo os seguidores de Jesus se espalharam. Nicodemos (e como mencionamos anteriormente, José de Arimateia), porém, nunca saiu do lado de Jesus. Nicodemos — esse fariseu imperfeito — estava lá.

Jesus amou Nicodemos por falar com graça e verdade. Mas de que maneiras específicas?

Verdade: Jesus percebeu a lacuna entre o coração e a mente de Nicodemos. Ele sabia que o fariseu precisava alinhar seu coração com seu conhecimento sobre Deus.

Graça: Obviamente, Jesus deixou Nicodemos continuar fazendo parte de seu convívio. Ele não o rejeitou e continuou ensinando-o sobre as maneiras como Deus o amava. Jesus amou Nicodemos tão plenamente que ele foi um dos únicos que ficou com Cristo no final, nunca deixando de estar ao seu lado.

Como isso se traduz para nós? Em vez de ignorar as pessoas, ajude-as a entender. Não podemos simplesmente sentir raiva dos fariseus em nossa vida; precisamos ajudá-los a mover o conhecimento da cabeça deles para o coração. Nunca devemos começar excluindo as pessoas de

---

8   Sou cristão, então não gosto de fumar coisas através de um difusor. #óleosessenciais #brincadeira.

nossa vida. A vontade de fugir de um fariseu é tentadora, mas, em vez disso, devemos continuar buscando-o, assim como Jesus faz.[9]

É assim que devemos amar os fariseus. Não os rotulando e, assim, nos tornando nós mesmos um deles, mas encarando amorosamente a hipocrisia. É convincente para mim mesmo enquanto escrevo estas palavras.

• • •

Qual é o tipo de pessoa que você luta para amar? Talvez, como eu, os fariseus estejam no topo da sua lista. Ou talvez haja outro grupo de pessoas, ou uma pessoa específica, ou um traço de personalidade que é difícil para você amar. Seja o que for, eu diria a você que siga o modelo que Jesus estabeleceu para nós na história de Nicodemos. Não se rebaixe ao nível deles e faça exatamente o que você odeia. Fale a verdade, mas também estenda o amor.[10]

---

9 Graças a Deus pelas notas de rodapé! Existem tantas nuances quando se trata de amar as pessoas. Sim, nunca devemos começar excluindo as pessoas de nossa vida, mas há algumas que, depois de conhecê-las, percebemos que são tóxicas e precisamos nos afastar delas. De namorados tóxicos e clientes de alto escalão a familiares abusivos, existem pessoas que nunca agradaremos, não importa o quanto nos esforcemos. Em vez disso, podemos amá-los à distância. Leia algumas vezes se precisar. Tradução: não deixe que as marcas em sua vida determinem como você vive. Jesus é Senhor. Os Marks do mundo não são.

10 Direi o seguinte: se ler nossa Bíblia e "ir mais fundo" não nos levar a perdoar os outros, a fazer amizade com pecadores, a doar dinheiro, a amar a Jesus, a servir quando ninguém está olhando e a desenvolver um coração compassivo pelos perdidos, então não estamos nos tornando discípulos. Em vez disso, estamos nos tornando fariseus que ficam mais longe de Jesus, e não mais próximos. Eu amo minha Bíblia e encorajaria qualquer pessoa a mergulhar na Palavra. Eu simplesmente não quero me tornar um fariseu ou pastor de uma igreja de fariseus. Quero chamar a atenção para as inconsistências que vejo entre os "religiosos" e as pessoas que seguem Jesus com ações, e não apenas com palavras. Também quero ter o cuidado de expor essas coisas com amor — não com ódio, não de uma forma acusatória.

Eu me conheço e sei a tendência que tenho de ser um fariseu da graça. No entanto, estou percebendo a dura verdade de que odiar um fariseu é tão ruim quanto odiar um pecador. Amar de verdade os fariseus em minha vida é algo em que estou trabalhando todos os dias. Eles também são pessoas. Pessoas que Deus ama e com quem deseja se relacionar.

A boa notícia é que Jesus pode mudar o coração de qualquer pessoa: do fariseu, do pecador e até o meu. Até o seu coração. Vamos cultivar um amor que se estende aos fariseus em nossa vida — um amor que Jesus mostrou a Nicodemos, um amor que enfrenta a hipocrisia em nossa vida e mostra a eles a graça e a verdade que Jesus nos apresenta de forma tão perfeita.

14

Capítão

O amor nem sempre
se parece com amor

No ano passado, a caminho do nosso culto de domingo à noite, vi um homem deitado de costas no meio da estrada.

A um quarteirão da minha casa. Às 20 horas.

Estava escuro como breu.

Fazia oito graus lá fora.

Era uma rua lateral aleatória onde poucos dirigem.

Sabendo que eu poderia ser a única pessoa que o veria ali, parei o meu carro, embora com certa relutância. Estava frio e, depois de pregar o dia todo, eu só queria ir para casa. Em vez disso, porém, eu saí e fui até ele.

Rapidamente percebi que ele estava bem, apenas bêbado. Digo "só bêbado" porque, infelizmente, esbarrar em pessoas embriagadas deitadas no chão é uma coisa bastante normal na minha vizinhança. Aquele homem devia ter mais ou menos a mesma idade do meu pai e, embora seja bastante normal conhecer pessoas como ele na nossa parte da cidade, isso ainda me incomoda o tempo todo.

Esse cara poderia ser o pai de alguém, e ali estava ele, deitado bêbado no meio da estrada. Não fiquei com vergonha por ele — vergonha é algo que você sente quando alguém comete um erro. Em vez disso, eu estava com o coração partido, percebendo que o estado em que ele estava provavelmente era bastante normal para ele.

Aproximei-me do homem, que ainda estava deitado de costas, e perguntei como ele estava.

Ele respondeu rapidamente: "Fantástico! Você pode me ajudar a levantar?".

Sim, volte a fita. Essa foi a frase que eu *gostaria* de ouvi-lo dizer. Em vez disso, ele me tratou de forma bem grosseira.

"Estou bem! Me deixe sozinho, caramba!", ele perdeu o controle.

Eu respondi: "Olha, você não parece bem e não posso deixá-lo sozinho aqui porque você pode congelar até a morte."

Ele retrucou mais uma vez: "Deixe-me em paz, caramba! Saia daqui". Em vez de discutir, perguntei seu nome.

"O quê?"

"Qual é o seu nome?"

Ele resmungou um pouco e disse: "Capitão".

Eu não tinha certeza se ele estava me dando o nome de sua bebida favorita (Capitão Morgan Rum) ou seu nome verdadeiro, mas aceitei.

"Bem, Capitão, precisamos tirá-lo do chão e levá-lo a algum lugar quente."

Ele praguejou baixinho. Eu o puxei, coloquei-o de pé e comecei a caminhar com ele em direção ao meu carro. Demos alguns passos antes de eu me virar, apenas para vê-lo tropeçar e cair em um monte de neve ao lado da estrada. Dessa vez, ele estava quase completamente coberto de neve.

"Me deixe em paz! Eu vou ficar bem. Não toque em mim."

Os bancos de neve em Dakota do Sul podem se transformar em pequenas montanhas (e eu mencionei que eram apenas oito graus do lado de fora?). Mesmo que eu realmente não quisesse tocá-lo ou ajudar de qualquer forma (na verdade, eu só queria ir embora naquele momento), eu sabia que não poderia, especialmente porque ele agora estava quase enterrado na neve. Em vez disso, coloquei o Capitão sentado, enquanto ele me chamava de todos os nomes que existiam no seu vocabulário. Sentei-me e comecei a conversar com ele. Eu disse a ele que Deus o amava. E porque eu sabia que nenhum abrigo para moradores de rua o acolheria em seu estado de embriaguez, fiz a coisa mais amorosa que poderia fazer naquele momento: sem que ele soubesse, chamei a polícia. Eles o acolheriam durante a noite até que ele ficasse sóbrio.

Teria sido fácil simplesmente passar por ele de carro, ir embora depois que ele disse aquelas coisas desagradáveis e me mandou ir embora, em vez de me sentar ali com ele. Mas ele precisava ser amado, mesmo que não quisesse. Às vezes, amar significa chamar a polícia. Às vezes, o amor nem sempre se parece com amor.

Esperei até os policiais aparecerem. O fluxo de palavras escolhidas pelo Capitão rapidamente mudou de mim para eles. Observei enquanto eles o tratavam com bondade e o ajudavam quando ele pedia que não o fizessem. Eu disse a ele para ter uma boa noite enquanto ele murmurava baixinho para os policiais. Pelo menos durante a noite, eles o impediram de congelar.

Ao pensar sobre isso mais de uma vez desde então, eis o que me impressionou: existem algumas pessoas como o Capitão em nossa vida. Pessoas que não querem ajuda — ou pelo menos não querem admitir que querem. Pessoas que optam por ficar onde estão (mesmo que o lugar em que estão seja terrível), em vez de fazer uma mudança difícil, porém necessária. Pessoas que o afastam quando você estende a mão. Pessoas que você ama que continuam a tomar decisões erradas e mais decisões erradas. Pessoas que xingam quando você pergunta o nome delas enquanto estão caídas na estrada.

Pessoas que precisam de amor, mas não o querem.

. . .

Jesus conhecia uma dessas pessoas. Seu nome era Legião. Um escritor chamado Marcos compartilhou essa história conosco.[1]

Algo para saber sobre essa história é que, além dos principais heróis da Bíblia, normalmente não recebemos muitos detalhes sobre as pessoas que Jesus conheceu. Somos brevemente apresentados a uma pessoa, Jesus faz algo incrível, e então passamos para o próximo personagem.

---

1   Essa história sobre Legião e Jesus está em Marcos 5:1-20, que parafraseei.

Isso não é verdade com Legião. Em vez disso, ele é descrito de forma elaborada. Ele é um homem possuído por demônios malignos, que vive em condições terríveis, em lugares como sepulturas e tumbas. Ele é bem conhecido por todos que moram na região. É um homem violento que, mesmo com correntes, não pode ser contido.

Como Legião era incontrolável, as pessoas da cidade vizinha o expulsaram para o campo, onde ele vagou pelas cavernas e colinas, uivando e se ferindo.[2]

Realmente ele não se parece com alguém que você gostaria de encontrar em um beco escuro, não é?

Quando Legião viu Jesus, correu até Ele, e os demônios dentro de si imediatamente gritaram: "O que você quer? O que você quer de mim? Me deixe em paz!". (Os demônios estão falando aqui como Legião, não era o próprio homem — meio assustador se você me perguntar.) Mas Jesus não deu ouvidos!

Jesus não foi embora quando Legião gritou para Ele ficar longe. Jesus não passou por Legião. Ele não o ignorou. Em vez disso, *Jesus perguntou a Legião o seu nome.*

"Meu nome é Legião", respondeu ele, "pois somos muitos".

Depois de ouvir o nome de Legião, Jesus ordenou aos demônios que deixassem esse homem, enviando-os para entrar em um grupo de porcos próximos (sim, você leu certo, porcos). A história mais louca de todas!

Ainda mais louco é saber que, depois que os demônios saíram, Legião implorou a Jesus para ficar, em vez de se afastar dele. Ele não queria sair do lado de Jesus. A razão é simples: Legião queria ficar

---

2   Eu o imagino parecendo uma combinação de Pé Grande e aquele garoto de *Teen Wolf*!

perto da única pessoa que não o ouviu quando ele disse que não queria ser amado. Os demônios que o controlavam eram os que queriam afastar Jesus, recusando-se a aceitar o amor dele, mas, uma vez que esse homem se tornou ele mesmo, tudo o que ele queria era estar perto do amor que Ele estava oferecendo.

Agora, talvez não tenhamos observado muita possessão demoníaca em nossos dias (além de assistir *O Exorcista)*, mas eu diria que todos nós temos "demônios" em nossa vida que nos dizem para ficarmos isolados, para nos desconectarmos do amor de outras pessoas, mesmo quando sabemos que não é o melhor para nós. Esses demônios assumem muitas formas diferentes, mas diversas delas são familiares para nós: vergonha, sentimentos de dúvida, dor oculta, medo, luxúria, ciúme, amargura, vício — a lista poderia ser interminável. Esses demônios não tão escondidos dentro de cada um de nós nos dizem que não merecemos ser amados.

Jesus teve amor suficiente por Legião para ignorar os gritos dele, dar um passo adiante e curá-lo. Depois disso, esse homem curado ansiava pela presença e amizade de Jesus. Ele estava cheio de gratidão porque o Mestre o viu, o amou e o curou. Legião mudou, e nós também podemos mudar.

. . .

A história da Legião e a história do Capitão nos ensinam que às vezes precisamos nos aproximar, mesmo quando as pessoas nos afastam. Descobri que as pessoas, inclusive eu, muitas vezes afastam os outros por causa dos demônios mencionados anteriormente: vergonha, medo, orgulho e assim por diante.

Temos vergonha. Precisamos de ajuda, mas não conseguimos deixar outra pessoa entrar em nossa vida. Estamos em um lugar escuro, mas nos preocupamos com o que os outros vão pensar se contarmos nossos segredos.

Temos medo. Medo de que os outros nos vejam em nosso pior estado e não queiram nada conosco. Medo de que, mesmo se procurarmos ajuda, ninguém seja corajoso o suficiente para sentar-se conosco em nossa dor. Estaremos mais sozinhos do que nunca.

Somos orgulhosos. Nós nos convencemos de que não precisamos de outra pessoa para nos ajudar a sair da confusão em que estamos, mesmo que estejamos nos afogando. Temos uma reputação a manter, então as pessoas não sabem que lidamos com esse tipo de coisa. Temos que nos levantar. Somos melhores do que isso.

Como Legião, nossos demônios internos muitas vezes nos convencem de que já fomos longe demais. Que toda esperança está perdida. Que precisamos ficar longe dos outros. Já decidimos quem somos e como seremos para sempre. Nós nos sentimos indignos de sermos amados, como se não pudéssemos ser ajudados. Como se fossemos feitos para ficar sozinhos.

Bem, sabemos que isso pode acontecer conosco, mas também é verdade com os outros. Às vezes, quando as pessoas dizem "fique longe", elas realmente querem dizer: "Por favor, me ajude. Aproxime-se. Eu estou assustado".[3]

---

3   Não acho que preciso dizer isso, mas caso você precise ouvir essa verdade, aqui está: você não é Jesus. Sim, você deve ser como Ele e amar como Ele, mas não é seu trabalho salvar ou consertar as pessoas. O que estou dizendo é que, se uma pessoa realmente não estiver saudável, você precisa encaminhá-la para obter ajuda profissional. E se for uma situação abusiva, não se aproxime — corra! Corra o mais longe e o mais rápido que puder.

E pode ser difícil distinguir uma coisa da outra — algumas pessoas *realmente* querem que você fique longe (posso ouvir um amém vindo dos introvertidos do mundo todo?).[4] Outros, porém, estão muito assustados, envergonhados ou presos para pedir ajuda quando precisam. Basta pensar em você mesmo. Na maioria das vezes, queremos e precisamos de ajuda, mas simplesmente não sabemos como pedi-la. Mais uma vez, temos vergonha. Temor. Orgulho.

Porém, em vez de se afastar de nós, Jesus se aproxima. Ele nos incentiva a fazer o mesmo pelos outros. O que isso parece?

Para você, pode ser desafiar um amigo que está tomando decisões erradas. Algo muito difícil de fazer, especialmente se são os "amigos" as pessoas que o levam a tomar essas decisões erradas.

Pode ser dizer à sua mãe que luta contra um vício que ela não pode viver com você, mas que, quando ela estiver pronta para receber ajuda, você será a primeira pessoa a chegar.

Pode ser mostrar a uma amiga que ela pode ser feliz sem o cara com quem ela está namorando, pois você sabe que ela quer tanto estar em um relacionamento que mal consegue enxergar (ou está ignorando) todos os sinais de alerta que continuam aparecendo.

Pode ser não dar mais dinheiro ao seu filho que está apenas gastando com drogas e álcool — permitindo que ele realmente chegue ao fundo do poço, em vez de salvá-lo repetidamente.

---

4   Como você distingue os dois? Ore e peça a direção de Deus. Coloque-se no lugar da outra pessoa. O que você precisa nessa situação? Se houver um amigo em comum de confiança, peça conselho a ele.

Pode ser falar a dura verdade para alguém, mesmo quando ela não quer ouvir. Dizer a alguém: "Você me machucou. Isso dói. Não foi legal".[5]

· · ·

Às vezes, o amor pode até significar levar sua filha para a reabilitação.

Quando eu tinha oito anos de idade, meus pais adotaram minha irmã Becca, da Coreia do Sul, quando ela tinha dois anos.[6] Não consigo me lembrar de uma época em que ela não fazia parte da nossa família. Visto que eu era o mais próximo dela em idade, nós rapidamente nos tornamos amigos (e às vezes inimigos também).

Quando estávamos crescendo, nosso lar era o mais amoroso e estável que posso imaginar. Meus pais nos regaram diariamente com amor, tanto em palavras quanto em ações. Eles amavam minha irmã não *como* uma das suas, mas *como* sua. Ainda assim, ela tinha dúvidas sobre onde se encaixava e lutou com sua identidade. Embora soubesse que fazia parte da nossa família, minha irmã, à medida que envelhecia, começou a notar as diferenças entre ela e os demais familiares: cor da pele, formato dos olhos, entre outras coisas.

---

5 É saudável reconhecer quando alguém nos magoa. Empurrar coisas para debaixo do tapete não é ser como Jesus, embora muitas vezes pensemos que é. "Apenas siga em frente e você ficará bem". Claro, deveríamos ser rápidos em perdoar, e não em nos ofendemos facilmente, mas quando somos realmente magoados por outra pessoa, é saudável dizer isso. E pode ser o início da cura para a outra pessoa também.

6 Eu sabia desde os oito anos que queria adotar uma criança quando me casasse. Você já considerou a adoção? Seria maravilhoso se todas as crianças do mundo tivessem um lar para sempre. Você não pode mudar o mundo, mas pode mudar o mundo para um filho.

No colégio, Becca começou a lutar contra o álcool. Ela nem sempre conseguia lidar ou processar bem algumas coisas, e beber tornou-se uma fuga. Na época em que ela era caloura na faculdade, sua bebida não era mais apenas uma preocupação; era um problema que afetava todas as áreas da sua vida. Ela teve problemas com a lei e foi expulsa da escola depois de apenas um semestre. O que ela faria a seguir? Meus pais tomaram a decisão por ela: levaram-na para a reabilitação.

Mamãe e papai fizeram a viagem de duas horas e meia de Watertown, Dakota do Sul, até Fargo, Dakota do Norte, para buscá-la, junto com todos os seus pertences. Em seguida, dirigiram por quatro horas e meia até o Centro de Tratamento Keystone em Canton, Dakota do Sul.

Depois de 30 dias na internação, minha irmã nunca mais viria a ingerir álcool. Agora, depois de doze anos sóbria, ela é casada e uma mãe maravilhosa de dois filhos; tenho muito orgulho de ser irmão dela, como sempre tive. O que mais me chama a atenção em sua história? Anos após o tratamento, minha irmã mencionou aleatoriamente que o momento em que ela soube que mamãe e papai realmente a amavam foi quando eles a levaram para a reabilitação.

"O quê?", eu perguntei. "Não foram os *anos* que ele cuidaram de você, expressando seu amor ou lhe dando atenção?"

"Não, foi no dia em que me trouxeram para Keystone. Eu sabia que eles deviam realmente me amar para fazer algo assim."[7]

Ao contrário da história da minha irmã, a história do Capitão não teve um final bonito, pelo menos até onde eu sei. Os policiais vieram

---

7 Amo você, Becca. Estou tão orgulhoso da pessoa que você é. Obrigado por me deixar compartilhar uma parte de sua história.

buscá-lo, mas a verdade é que eu não sei o fim da história do Capitão. Mas Deus sabe. E enquanto o Capitão estiver vivo e dando pontapés, Deus ainda não terminou seu trabalho com ele. Minha oração é que, assim que o Capitão se recuperasse, ele pudesse se lembrar de que alguém se importou o bastante com ele para oferecer-lhe ajuda. Espero que outros tenham parado ao lado do Capitão também. Se ele realmente quiser mudar, oro para que alguém esteja lá para ajudá-lo a dar o primeiro passo. Não dá para viver uma vida solitária, especialmente quando tentamos superar um vício.

Os resultados dependem de Deus, não de nós. Fazemos nossa parte, e Deus faz a dele.

O amor nem sempre parece acolhedor e aconchegante.[8] Nem sempre é bom. Ele nem sempre diz o que você quer ouvir. Às vezes, ele mostra a você uma dura verdade.

Às vezes, o amor precisa chamar a polícia.

Ou ficar quando você é enxotado.

Ou mandar sua filha para a reabilitação.

---

8   Às vezes vai estragar tudo. Vai tentar amar alguém e, sem saber, pode causar mais mal do que bem. Isso vai acontecer! Uma noite, quando eu estava no Ensino Fundamental, viu quatro caras tentando dar partida no carro em um estacionamento do outro lado da rua de nossa casa. Já era tarde e estava escuro. Como meu pai é legal e basicamente um MacGyver, ele atravessou a rua e se ofereceu para ajudar. Em poucos minutos, ele ligou o carro. Todos os homens o agradeceram e partiram. Uma boa ação do meu pai, certo? Hum, não exatamente. No dia seguinte, meus pais leram no jornal que quatro homens invadiram o estabelecimento comercial do outro lado da rua de nossa casa na noite anterior e foram embora com centenas de dólares — os quatro homens que meu pai ajudou! Anos mais tarde, ainda estamos falando sobre como meu pai "ajudou a dar partida num carro de fuga"! (Obs.: Se você não sabe quem é MacGyver, você nunca viveu.)

Às vezes, o amor não se parece com amor. Pelo menos não no começo. Em vez disso, se parece com a interação de Jesus com Legião: ficar por perto quando pedem para você manter distância. É alertar alguém sobre as coisas prejudiciais que estão acontecendo na vida dele, sabendo que uma reação negativa não significa necessariamente que essa pessoa não queira ser amada. É saber o que é melhor para alguém, mesmo que ele (ou os demônios dentro dele) não queiram ouvir.

Às vezes, o amor se parece com Jesus e Legião. Nem sempre parece amor.

15

Shirley

O amor percebe o imperceptível

Recentemente, eu estava passando por um período agitado de viagens, falando em diferentes conferências e igrejas. É sempre uma lição de humildade e, ao mesmo tempo, empolgante falar para grandes multidões, mas também pode trazer um incrível sentimento de solidão. Você está longe de sua família e, depois que a fila de pessoas pedindo para falar com você desaparece, muitas vezes você acaba sozinho em um café ou quarto de hotel. Nem tudo se resolve assistindo *Fixer upper*![1]

Para alguém conectado como minha esposa, que é mais introvertida, isso pode parecer um sonho (*ficar um bom tempo sozinho?*

---

1 Série de TV que no Brasil levou o nome de *Do Velho ao Novo*. (N. do T.)

Obrigado, Deus!), Mas para mim, um extrovertido, não há realmente nada pior do que sentir se solitário e ignorado por todos depois de sair do púlpito.

Um dia, eu estava em outro avião. Chegando ao meu assento perto da parte traseira da aeronave, observei as pessoas colocarem suas enormes bagagens nos minúsculos compartimentos superiores.[2] Os introvertidos ao meu redor estavam colocando seus fones de ouvido o mais rápido possível, tentando evitar os extrovertidos (como eu) que estavam pensando em como iniciar uma conversa do tipo "você está preso comigo agora" com a pessoa ao lado deles.

Enquanto tudo isso acontecia, a comissária de bordo começou a nos dizer o que fazer se o avião pousasse na água.[3] Já ouvi essas instruções muitas vezes, mas havia algo diferente dessa vez. Enquanto eu observava, percebi que ela estava nervosa. Uma senhora de meia-idade, sua voz começou a tremer enquanto ela compartilhava as instruções e procedimentos de segurança. Ela gaguejou e teve que se repetir várias vezes, atrapalhando-se para dizer suas palavras.

Demorou mais do que deveria. Os passageiros ao meu redor começaram a ficar impacientes e irritados, murmurando baixinho. Passar pelo típico discurso de acidente na água em um voo é difícil o suficiente, sem mencionar tentar sentar-se com uma senhora, lutando para ler o seu

---

2   Só para reclamar por um minuto: por que esses compartimentos são tão pequenos?! Fico tão zangado com o cara que leva cinco minutos para enfiar a bagagem enquanto todo mundo está esperando na fila atrás dele. É sempre um caos completo. Dica para as companhias aéreas de todo o mundo: *aumentem os compartimentos internos de bagagem*. Ok, fim do discurso.

3   Em voos sobre estados como Dakota do Sul, Nebraska e Colorado, sempre gosto de ouvir o que fazer no caso de o avião pousar na água. Temos mais chances de ganhar na loteria do que o nosso avião pousar na água, mas tudo bem, vamos ouvir.

roteiro. Lembro-me de ser um novo pastor lutando para ler meu roteiro (também conhecido como esboço de pregação), então sempre tenho uma queda por aqueles que tropeçam ao falar em público. Não é tão fácil quanto parece, pessoal!

Enquanto a comissária prosseguia, mesmo com a voz trêmula, não pude deixar de notá-la. Reparei não nas palavras que ela estava dizendo, mas na *pessoa* que ela era. Normalmente, eu desligo durante a verificação de segurança (para tentar falar com os introvertidos desavisados ao meu lado), mas a bondade e autenticidade dessa senhora eram impossíveis de perder, e eu não pude deixar de querer ouvi-la. Parecia que ela realmente se importava que ouvíssemos suas instruções. Ela queria que soubéssemos o que estava sendo compartilhado. Eu também esperava que, ao ouvi-la, ela notasse a compaixão que eu sentia por ela em meio aos resmungos dos outros passageiros e desejos de que ela parasse de falar rapidamente. Então, ela terminou, visivelmente aliviada por tê-lo feito. Colocou o telefone[4] na frente do avião e respirou tão fundo que pude perceber de onde eu estava sentado, quase nos fundos do avião.

Minutos depois, a senhora passou rapidamente pela cabine, oferecendo pretzels aos passageiros. Enquanto ela passava, eu gentilmente a interrompi e agradeci por compartilhar as instruções conosco.

"Você fez um trabalho maravilhoso, Shirley", eu disse, depois de ler o crachá dela. Suas emoções rapidamente vieram à tona, visíveis pelas lágrimas que apareceram em seus olhos, e enquanto ela estava no corredor, começou a chorar, me agradecendo por minhas palavras gentis. "Eu sou a mais nova aqui, e essa foi a minha primeira vez compartilhando as

---

4 Já reparou que os aviões são o único lugar no mundo que ainda usam fones de modelo antigo, como o tipo com um cordão e tudo? Quando é que vão trocar por um moderno?

instruções de pré-voo nesse tipo específico de avião. Eu estava tão nervosa e me senti muito estúpida", disse ela.

"Bem, você foi ótima", eu a encorajei. "É a primeira vez que ouço essas instruções em meses. E pela forma como você compartilhou, eu poderia dizer que você é uma pessoa maravilhosa." Ela me agradeceu de coração e continuou a distribuir pretzels. Durante o restante do voo, ofereceram-me mais pretzels e bebidas do que eu poderia contar. Shirley me serviu de uma maneira que nenhum comissário jamais me servira. Ela voltou várias vezes para perguntar se eu precisava de mais alguma coisa. Ela focou em mim. Ofereceu-me para pegar o que eu precisasse. Avise-me em qual portão meu próximo voo será, mesmo que eu não esteja com pressa.

Tudo porque eu a havia notado.

Eu percebi que ela estava nervosa.

Percebi que ela se sentia tola.

Percebi que ela era gentil.

Percebi que ela precisava de uma palavra de incentivo.

Percebi que ela era uma pessoa com um nome, e não apenas uma cabeça falante na parte da frente de um avião.

Não conheço sua história, mas comecei a me perguntar o que a fez se tornar uma comissária de bordo depois de uma certa idade. Talvez fosse o trabalho que ela sempre quis. Mas talvez ela tivesse passado por um teste recentemente. Um divórcio? Será que ela perdeu o emprego? Talvez ela tenha perdido o esposo? Mudou-se para uma nova cidade?

Tenho 38 anos e, a cada ano que passa, a mudança se torna um pouco mais assustadora. Ela estava com medo? Teria sido um novo começo para ela? Será que ela já se perguntou se um novo começo era possível? Eu não sabia. Mas eu a notei e, consequentemente, ela me notou.

Queria que ela soubesse disto: *Vejo que você é uma pessoa. Eu noto você. Eu a chamo pelo nome.*

...

É incrível o que acontece quando notamos alguém, mas é ainda mais incrível ver o que acontece quando alguém é notado por Jesus. Lucas, um dos amigos íntimos de Jesus e autor de um dos meus livros favoritos da Bíblia, nos fala sobre uma mulher que sofria de um sangramento constante por 12 anos.[5] Nunca ficamos sabendo seu nome, mas ela é uma mulher que Mateus, Marcos e João também mencionaram — alguém que não era notada pelos outros, mas que era superimportante para Jesus.

Sua doença a afetou não só fisicamente (não sou médico, mas acho que perder grandes quantidades de sangue nunca é uma coisa boa, ou pelo menos foi o que ouvi), mas também espiritualmente. Seus companheiros judeus a teriam rotulado de "impura", o que significa que ela não teria permissão para adorar a Deus e ir à igreja (também conhecida como templo). Seu sangramento também a afetou financeiramente — ela gastou tudo o que tinha com médicos que tentavam descobrir o que estava acontecendo com seu corpo. Basicamente, essa moça tentou de tudo e gastou tudo, mas sua condição só piorava. Poucas coisas são mais desanimadoras.

---

5 Essa história sobre a mulher do fluxo de sangue e Jesus está em Lucas 8:42-48, que parafraseei.

Bem, um dia Jesus apareceu na cidade onde a mulher morava e foi imediatamente recebido com alegria por uma multidão de pessoas.[6] Uma grande quantidade de pessoas estava lá, todas se empurrando, na esperança de chegar perto de Jesus. Mas a mulher de quem falamos não estava tentando falar com Jesus. Ela simplesmente queria tocá-lo, especificamente na ponta de seu manto.

Apenas um pequeno pano de fundo para nós: naquele momento, tocar a borda da roupa de alguém era uma coisa séria, e para a mulher, tocar o manto de Jesus era um problema ainda maior. Isso mostrou que ela acreditava que Ele era Deus e que — sendo Deus — tinha a capacidade de curá-la. Pode parecer estranho para nós hoje, mas na época de Jesus, a ponta do manto de um judeu representava sua identidade, um símbolo de quem ele era e o que representava. Ao tocar a ponta de seu manto, essa mulher estava mostrando que acreditava que Jesus era o Messias.

Então, sem que ninguém percebesse, a mulher abriu caminho no meio da multidão e estendeu a mão o suficiente para tocar em Jesus. Ninguém mais percebeu o que ela havia feito, mas Jesus sim. Ele se virou imediatamente. Alguém o havia tocado. Toda a multidão estava encostando nele, sufocando-o, mas Jesus percebeu o toque da mulher e sabia que aquele toque era diferente.

"Quem me tocou?", Jesus perguntou.

"O quê? O Senhor só pode estar de brincadeira!", disse o amigo de Jesus, Pedro. "Quem *não está* tocando o Senhor seria, provavelmente, a melhor pergunta. Há todo um mar de pessoas ao nosso redor. Todo mundo está tocando no Senhor, Jesus. Toda a multidão está com as mãos no Senhor." Isso foi muito antes do distanciamento social! "Fique

---

6 Uma multidão, e não apenas uma fila de pessoas.

a dois metros de distância um do outro e passe um desinfetante nas mãos, por favor!"

Naquele momento, a mulher soube. Ela sabia que havia sido notada e temia que fosse algo ruim para ela. Não querendo que Jesus ficasse chateado, ela rapidamente explicou que pensava que se apenas pudesse tocá-lo, ela seria curada.

E isso *funcionou.*

O sangramento parou — Jesus a curou. "A sua fé curou você", Ele disse a ela e depois continuou a andar no meio do povo.

Para a multidão, isso não foi uma grande coisa. Nenhuma pessoa mencionou a cura milagrosa enquanto Jesus seguia seu caminho. Para a mulher, porém, era uma mudança de vida. Tudo mudou. Ela foi curada e foi notada.

É meio estranho pensar nisso, mas em algum momento aquela mulher morreu. (Pelo menos eu nunca vi uma senhora com mais de dois mil anos andando por aí!) Em algum momento, sua saúde falhou. Jesus não a curou para sempre, tornando-a imune à morte ou ao envelhecimento. Mas naquele momento em que conheceu Jesus e foi curada por Ele, a mulher foi notada, e isso é algo que tenho certeza de que ela nunca se esqueceu.

• • •

Como mencionei antes, eu uso óculos desde que estava no jardim de infância (lembra-se da história dos quatro olhos?), e fui a primeira criança da minha classe a usá-los. Quando tiro meus óculos, o mundo inteiro é um borrão completo. Não consigo ver nada nem ninguém.

Se estou em uma sala cheia de pessoas sem eles, o rosto de cada um parece uma figura distorcida? Infelizmente, é assim que vivemos regularmente. Em qualquer dia, o rosto das pessoas com quem cruzamos é apenas um borrão.

Os clientes com quem trabalhamos.

O balconista do posto de gasolina.

O mar de estudantes correndo por todo lado quando você busca seus filhos na escola.

Todos os rostos que passam pelo *feed* de notícias no seu Instagram.

Quando as pessoas se tornam um borrão, o valor delas diminui — elas não são mais seres humanos. Em vez disso, são motoristas lentos que atrasam nossa agenda. Obstáculos que nos impedem. Distúrbios no fluxo perfeito de nossos dias. Pragas que nos incomodam. Objetos para ridicularizarmos e rirmos dele. Máquinas para nosso benefício pessoal. Quando as pessoas começam a ficar confusas, elas se tornam obstáculos, perturbação, objetos, pragas e máquinas, não pessoas. Elas se tornam "coisas".

É mais fácil não notar as pessoas quando elas não têm rosto nem nome. É fácil ser como Pedro, que olhou para a multidão e disse a Jesus: "Quem tocou o Senhor? É uma multidão, é impossível dizer! Continue andando, Jesus — o Senhor não pode ajudar todos eles".

Você não consegue perceber todos, então acaba não percebendo ninguém. Mas quando você vê uma pessoa específica que está sofrendo, quando descobre que ela está sangrando por 12 anos e que só quer ser curada, ou quando descobre que ele teve uma educação muito difícil, ou quando você ouve que essa é a primeira vez que ela está trabalhando em um avião específico e por isso está muito nervosa — quando você vê alguém como uma pessoa como você — você não pode deixar de começar a se importar.

E se começássemos a notar as pessoas nos empregos que temos? Ou no quarteirão onde moramos? Ou nos cafés que visitamos embaraçosamente várias vezes ao dia (ou talvez seja só eu).[7]

Isso pode mudar o mundo!

Pense no estudante universitário ou do Ensino Médio que pensa em desistir. E se você o notasse, o encorajasse e dissesse que ele vai superar todos as tarefas de casa, o estresse e fazer grandes coisas?

Pense na pessoa que nunca sorri, que pode estar deprimida, que talvez esteja pensando em se matar. E se você a notasse — e isso bastasse para ela perceber que tinha um amigo, era notada, era *amada*?

O amor percebe as pessoas. Ele não se apressa e vê as pessoas, principalmente aquelas que os outros ignoram. Mesmo com uma agenda lotada, o amor tem tempo para sorrir e dizer "oi". Ele mantém a porta aberta para as pessoas. O amor percebe quando alguém está tendo um dia ruim e pergunta: "Como você está, realmente?". Ele olha nos olhos e diz: "Você tem minha atenção e foco". O amor chama as pessoas pelo nome. Ele sofre quando alguém está sofrendo e se alegra quando alguém está alegre. Ele deixa de lado seus próprios interesses e coloca os interesses do outro em primeiro lugar.

O amor dá um passo para trás na multidão e percebe quem tocou a borda do manto.

Parece meio louco, mas enquanto escrevia este capítulo específico num Starbucks em Fargo, Dakota do Norte, fui notado por duas

---

7 Não consigo contar quantas xícaras de café bebi enquanto escrevia este livro!

pessoas diferentes. Eu não conhecia uma única pessoa no local, mas enquanto estava sentado no balcão, digitando, duas pessoas diferentes apareceram e perguntaram no que eu estava trabalhando. Quando compartilhei, os dois individualmente perguntaram se poderiam orar por mim. Ambos me notaram. Isso não parece muito, mas há alguns anos não recebo um estranho qualquer pedindo para orar por mim do nada, muito menos duas pessoas no espaço de uma hora. Eu me senti amado. Cuidado. Notado.

Você já experimentou algo assim? Já foi notado quando se sentiu totalmente imperceptível por todos? Talvez você tenha acabado de se mudar para a faculdade e não tinha um amigo que sabia seu nome, e a garota ao seu lado na classe o convidou para almoçar com ela. Talvez você tenha se sentido desvalorizado no trabalho quando, do nada, seu chefe o chamou ao escritório apenas para cumprimentá-lo pelo projeto que você concluiu. Talvez, como dona de casa, você estivesse pensando que sua família não via todo o trabalho que você fazia por eles, até que, antes de ir dormir, seu filho lhe deu um abraço e disse que você era uma ótima mãe.

Como você se sentiu naquele momento? Como essa situação, ou inúmeras situações parecidas com essa, mudou você para melhor? E como você pode, como resultado, notar as pessoas imperceptíveis em sua própria vida? Todos nós já estivemos lá antes — o despercebido, o indesejado, o esquecido. Como você pode garantir que as pessoas em sua vida, aquelas com quem você cruza aleatoriamente em um avião ou Starbucks em Dakota do Norte, se sintam notadas?

• • •

Quando pousamos no aeroporto e as pessoas começaram a descer do avião, procurei por Shirley. Ela estava parada perto da porta dizendo às pessoas que tivessem um ótimo dia, pois estavam se afastando. Ao me aproximar dela, disse-lhe para ter um ótimo dia e agradeci novamente por sua gentileza. Com lágrimas nos olhos, ela disse o mesmo para mim. É incrível o que perceber alguém é capaz de fazer.

Dois estranhos, entre uma centena de outras pessoas, não eram mais estranhos. Duas pessoas se sentiram notadas. Duas pessoas, Shirley e eu, se sentiram amadas.

O amor percebe as pessoas. Ele as chama pelo nome.

16

O ladrão em fuga

O amor muda o roteiro da raiva para a graça

Seres humanos machucam uns aos outros. É o que fazemos. Intencionalmente ou não, a dor está designada a acontecer em qualquer relacionamento, mesmo com amigos e familiares. Às vezes, porém, completos estranhos irão machucá-lo do nada. Você não os conhece. Você não sabe o nome deles ou suas histórias, mas quando você cruza com eles ou eles cruzam com você, eles o machucam.

Um olhar maligno. Uma palavra indelicada. A buzina do carro que soa acompanhada de um gesto com a mão. Talvez até ferimentos físicos.

O Amor tem um nome

. . .

Cada um dos meus filhos recebe mesada uma vez por semana. Se eles fizerem todas as suas tarefas, cada um pode ganhar no máximo quatro dólares. (Percebe-se que não somos os melhores empregadores da cidade.)

Minha filha normalmente ganha dois de seus possíveis quatro dólares semanais, ou três dólares se ela se sentiu particularmente responsável durante aquela semana. Porém, ao que parece, ainda estamos trabalhando para ensiná-la sobre gratificação adiada. Isso porque, quando Grayson é paga, ela gasta todo seu dinheiro num instante. Ela recebe sua mesada, e em poucos minutos já quer ir às compras. Doce. Chiclete. Chocolate. Não é muito empolgante (pelo menos não para uma pessoa adulta,), mas ela mal pode esperar.

"Podemos ir à loja hoje, papai?"

A cada semana, depois de alguns minutos tentando convencê-la a economizar seu dinheiro, sua ternura me conquista. Então nós caminhamos até Family Dollar, a um quarteirão de nossa casa. Imagine a loja de um dólar mais deplorável que você já viu: pisos irregulares com ladrilhos que não combinam, lâmpadas que precisam ser substituídas, lixo voando pelo estacionamento como plantas secas e espinhos em um filme de faroeste. Esse é o nosso Family Dollar. Mas, estranhamente, amamos essa loja. Tem tudo o que poderíamos desejar, a um quarteirão de nossa casa — incluindo nossos vizinhos. É um centro de diversidade em uma cidade onde não há muita diversidade. Cada vez que vou lá, vejo algo que nunca tinha visto antes. Isso significa aprender de graça!

Em uma semana específica, Grayson e eu entramos com seu típico vale de pagamento de dois dólares. Caminhando pelos corredores, ela tem de tomar a decisão mais difícil de sua semana enquanto descobre o que quer, e esta semana não foi diferente. Lixador de unha? Massinha? Gomas ácidas? O de sempre (chiclete)?

Ela finalmente escolheu algumas jujubas. Pagamos no caixa, saímos da loja e começamos a caminhar para casa de mãos dadas. Mas antes mesmo que pudéssemos deixar o estacionamento, um homem passou correndo por nós ao acaso, tão rápido que parecia estar tentando vencer o recorde na corrida de cinquenta metros.

"Para onde ele está indo, papai?", Grayson perguntou.

"Ele deve estar com pressa", eu disse, achando aquilo um pouco estranho.

Continuamos andando. Dois segundos depois, o caixa da Family Dollar também passou por nós.

"E para onde *ele* está indo, papai?!"

"Bem, filha", eu disse, "acho que o primeiro cara deve ter feito alguma coisa ruim."

O primeiro sujeito claramente tinha acabado de roubar o Family Dollar. Enquanto os dois corriam, Grayson parecia um pouco abalada, mas continuamos caminhando em direção à nossa casa. Era apenas mais um dia na vizinhança e parecia que o problema já tinha acabado. Mas não foi bem isso que aconteceu.

De repente, o homem que tinha roubado a loja reapareceu por detrás trás de uma casa a cerca de seis metros de nós, *correndo em nossa direção*! Eu rapidamente puxei Grayson para trás de mim para protegê-la do ladrão fugitivo. Quando ele se aproximou, ergueu o braço, inclinando-o para trás como se estivesse se preparando para me dar um soco bem no rosto.

Há uma série de pensamentos que passam pela nossa mente numa situação dessas:

Como eu cheguei aqui? Devo partir com tudo pra cima desse cara?

Não levo um soco de ninguém desde a sétima série! Por que estou prestes a levar um agora?

Por que, Deus?

No último segundo, literalmente a centímetros do meu rosto, o ladrão em fuga de repente se desviou, passou disparado e continuou correndo. *Que raio foi aquilo?*

Eu estava intacto, mas Grayson não. Embora ela não tivesse sido fisicamente ferida, seu coração ficou muito agitado. Desesperada, ela correu em direção à rua movimentada! Rapidamente, eu a agarrei quando os carros pararam bem na frente dela. Ela estava chorando muito, mas sem emitir qualquer tipo de som. Ela tremia tanto que estava com dificuldades até para andar. Eu a carreguei para casa.

Depois de levar Grayson para casa em segurança, fui tentar ajudar a encontrar o homem. Não consegui localizá-lo, mas encontrei o caixa, que imediatamente perguntou sobre Grayson. "Sua filha está bem? Eu me senti muito mal por ver quão assustada ela ficou!"

Mesmo um estranho aleatório pode nos machucar. Profundamente.

Nos dias que se seguiram, eu me esforcei para pensar bem sobre o ladrão em fuga. Uma coisa é me machucar; outra coisa é machucar minha filha. Semanas se passaram. Grayson agora está muito mais consciente de onde estamos caminhando. Ela não quer mais ir ao Family Dollar todas as semanas com seu dinheiro do pagamento. Ela está hesitante em ir para qualquer lugar fora de nossa casa.

O ladrão em fuga | 203

. . .

Esse episódio com Grayson e o ladrão em fuga me lembra uma das pessoas mais aleatórias com quem Ele cruzou. Mas, como sabemos que com Ele tudo é verdade, nada é realmente aleatório. Na noite antes de morrer na cruz, Jesus conheceu um sujeito que teve sua orelha cortada.[1] Literalmente, decepada por uma espada. Ai![2]

Você não pode inventar essas coisas. O homem era um soldado, parte da multidão que veio prender Jesus. Judas traiu Jesus e deu um sinal à turma que o acompanhava. Quando o restante dos soldados avançou para prender Jesus, seus discípulos se assustaram. Especificamente, Pedro ficou tão assustado que, sem pensar muito, agarrou uma espada e cortou a orelha do cara que tentou prender Jesus. Uma pessoa assustada e magoada acabou assustando e machucando outra pessoa.

Mas então dê uma olhada no que Jesus fez. Mesmo sendo levado preso, disse aos seus discípulos: "Chega disso!". Em vez de ferir mais o homem, Jesus tocou no soldado que acabara de ter a orelha cortada e o curou.[3]

À primeira vista, parece que o milagre aqui é a orelha do homem crescer de novo, certo? Porém, quanto mais analiso esse estranho encontro entre esse homem e Jesus, mais percebo que a parte verdadeiramente chocante da história não é a cura da orelha do homem — é a resposta de

---

1   Essa história sobre Jesus e o homem cuja orelha foi cortada está em Lucas 22:47-51, que parafraseei.

2   Pense em Mike Tyson mordendo a orelha de Evander Holyfield — isso é muito parecido.

3   Gostaria que tivéssemos um vídeo da orelha do homem crescendo novamente! Ele se tornaria viral em minutos! Um verdadeiro milagre.

Jesus ao que aconteceu. Outra vez, a resposta de Jesus é o que o torna tão diferente de mim. Sobrenatural!

Jesus acabara de ser traído por Judas, um de seus amigos mais próximos. Nada dói mais do que isso. Nada! Ele está prestes a ser preso, e isso o levará à morte. A resposta de Pedro é o que esperaríamos nessa situação. Como um dos amigos de Jesus, provavelmente eu teria dito a Pedro que ele errou quando cortou apenas uma orelha. Mire um pouco mais para baixo da próxima vez!

A resposta de Pedro é a maneira como reagiríamos. Pelo menos é o jeito como eu responderia. A resposta de Jesus é o milagre. Jesus disse a seus amigos que parassem de sentir raiva e, em vez disso, mostrassem bondade para com as pessoas que o estavam machucando. Jesus escolheu a bondade em vez da violência, a cura em vez da raiva. Isso é graça. Isso é amor.

. . .

Minha reação automática quando estou machucado é devolver a agressão. Mais ou menos como quando você atira o sapato na casa do vizinho depois de um dia ruim. (Alguém se lembra desse incidente? Só eu? Tudo bem, legal.) Principalmente quando fico zangado de repente, minha reação é dar um soco na pessoa. Para atacar fisicamente, ou pelo menos com minhas palavras.

A reação instintiva de Jesus é responder rapidamente também. Mas com amor.

Jesus respondeu fisicamente — *curando* o homem, em vez de dar um soco nele. Ele respondeu à ofensa com graça. Observe que Jesus não disse simplesmente a seus amigos que parassem. Em vez disso, Ele foi além, reparando o que estava errado e fazendo o bem.

Dizer aos seus amigos que parem de fazer algo errado é difícil; ser gentil com a pessoa que o injustiçou é a parte sobrenatural. Como sabemos disso? Porque o que é natural quando alguém nos fecha no trânsito é mostrar o dedo para essa pessoa. (Ainda me surpreendo com as pessoas gentis que rapidamente levantam o dedo do meio para outro motorista.)[4]

Quando alguém diz uma palavra indelicada, nós o expulsamos de nossa vida, mesmo que seja um amigo de longa data.

Quando alguém fofoca sobre nós, pagamos com a mesma moeda. Respondemos dente por dente. Olho por olho.

Se você me machucar, vou machucar você.

Se você machucar meu amigo, vou machucar você.

Se você não gosta de mim, não vou gostar de você.

Se você falar mal de mim, falarei mal de você. A maioria diria que é assim que o mundo funciona.

Jesus, porém, diria que não é assim que o *amor* funciona. O amor inverte o roteiro. Mostra Jesus às pessoas quando tudo o que elas veem é qualquer coisa, *menos* Jesus. O amor pratica a gentileza em vez da violência, a gentileza em vez de agressão.

Quando alguém presume o pior de você, imagine o que há de melhor nele.

---

4   Nos últimos meses, tenho estado bastante orgulhoso de mim mesmo. Há três meses não tinha mostrado o dedo do meio enquanto dirigia! Mas então, ontem, a sequência se quebrou. Juro que não tentei cortar aquele dedo!

Quando alguém machuca você, procure maneiras de ajudá-lo. Quando alguém faz mal a você, faça o que é certo por ele.

Precisamos saber, sem dúvida, que atacar fisicamente, emocionalmente ou verbalmente nunca é o caminho de Jesus. A violência nunca é o jeito de Jesus, e demonstrar raiva não é o modo como ele responderia. A palavra *violência* pode não parecer algo que se aplica a você, mas eu diria que todos nós atacamos regularmente — esses "atos de violência" acontecem em uma escala muito menor, aparentemente de uma forma mais insignificante do que assustando uma garotinha na rua ou cortando a orelha de alguém.

Esses atos de violência podem ser palavras grosseiras que dizemos a alguém próximo a nós. O ato de jogar um colega de trabalho debaixo do ônibus só para conseguir uma promoção. Com estranhos, talvez seja a avaliação negativa que fazemos do serviço prestado por alguém ou uma ação impensada em relação a outra pessoa.

Quando você for ferido, respire fundo. Na maioria das vezes, somos tentados a atacar porque somos dominados pela raiva e pela adrenalina. Estamos cansados de trabalhar 24 horas por dia, 7 dias por semana, e nosso filtro já se foi. No calor do momento, podemos facilmente dizer ou fazer coisas das quais nos arrependeremos mais tarde. Apenas respire fundo.

Não conhece a pessoa que machucou você? Lembre-se de que o "ladrão em fuga" com quem você cruzou tem um nome, mesmo que você não saiba. Ele também é uma pessoa. O cara que assustou Grayson pode ter roubado a loja por todos os tipos de razões que eu não conheço. Talvez ele precisasse de comida para os filhos ou queria ter um emprego e trabalhar, mas não estava fisicamente apto. Essas razões não tornam certo o que ele fez, mas mudam a maneira como eu o vejo.

O ladrão em fuga | 207

. . .

Naquele dia, eu honestamente só queria dar um soco na cara do ladrão em fuga. Felizmente para Grayson (e para sorte da minha mão!), eu não tive a chance, mas isso não apaga o fato de que eu queria fazer aquilo. Meses se passaram desde o incidente. Grayson ainda está relutante em me acompanhar até o Family Dollar. A dor ainda está lá. Como pai dela, não gosto disso. De jeito nenhum.

Mas enquanto estou sentado aqui, me pergunto o que teria acontecido se eu tivesse reagido de forma mais proativa de uma perspectiva de amor. Durante os poucos segundos em que ele veio correndo em minha direção com o punho erguido, e se eu o tivesse olhado bem nos olhos com um sorriso de alegria genuína no rosto? Talvez ele achasse que eu fosse louco. Ou talvez, mesmo apenas por um segundo, meu sorriso teria se conectado com o humano quebrado dentro dele. Ele ainda poderia ter fugido, mas talvez teria sido algo com que lutou mais tarde. *Por que aquele homem com sua filha me olhou daquele jeito? Por que ele estava realmente sorrindo para mim?* Pode parecer exagerado, mas talvez, apenas talvez, pudesse ter curado uma pequena parte do ladrão em fuga naquele dia.

Jesus nos mostra uma maneira diferente de tratar pessoas parecidas com o ladrão em fuga. Honestamente, o caminho de Jesus também parece exagerado. Ele nos mostra que o amor vira o roteiro. O amor estende a graça quando tudo o que queremos fazer é ferir ainda mais aqueles que nos feriram. Naquele momento na Family Dollar, minha primeira reação não foi amar como Jesus amaria, mas aprendi algo naquele dia, uma lição importante sobre como é o amor quando enfrentamos mágoa e dor inesperadas. A história de Jesus sobre a cura da orelha do soldado mudou o roteiro do jeito que eu amo nesse tipo de situação, e espero que isso também aconteça para você.

Então, é isso que estou dizendo a mim mesmo. Talvez se aplique a você também, não é? *Adam, da próxima vez que alguém tentar machucar você, não tente cortar a orelha dele. Cure-o.*

17

Bill

O amor é mais do que uma teoria (é complicado)

Ao longo da minha vida, fui ótimo em muitas coisas. Na verdade, não apenas ótimo — *incrível*. Pelo menos em teoria!

Antes de me casar, eu sabia exatamente como ter um casamento *incrível*. Antes de ter filhos, sempre sentia a tentação de dizer aos pais de verdade como cuidar dos seus filhos. Meu conselho teria sido *incrível*. Antes de me tornar pastor e liderar uma igreja, eu tinha todas as respostas. Na minha cabeça, eu era o melhor pastor de todos os tempos. *Surpreendente!*

Meu plano de teoria era bem sólido. Eu tinha lido livros e aprendido muitas coisas. Eu tinha visto um monte de gente fazer tudo isso. Eu previa totalmente que seria o melhor marido, pai e pastor de todos os tempos.

210 | O Amor tem um nome

Até que a realidade me acordou. Quando realmente tentei ser aquele marido, pai e pastor, as coisas ficaram complicadas num instante — uma verdadeira bagunça. Logo descobri que minha esposa era uma santa por se casar comigo. Quando me tornei pai, meus filhos praticamente controlavam minha vida. Quanto a ser pastor, ainda sou o pastor mais imperfeito que conheço.

Isso também é verdade com respeito a amar as pessoas: o amor é fácil, direto e simples *na teoria*, mas muito, muito complicado na prática. Somos todos *incríveis* no amor... até tentarmos amar.[1]

Se você acabar em uma igreja num domingo qualquer, há uma grande chance de ouvir falar sobre amar as pessoas.

"Ame seu próximo."

"Ame o menor deles."

"Ame a Deus com todo o seu coração, sua mente e sua alma."

"Amor." É um conceito incrível (você adivinhou?) *em teoria*. Talvez possamos pegar essa teoria e fazer uma viagem missionária, ou tentar amar os desamparados da cidade grande mais próxima por alguns dias. Mas com frequência, depois de ir à igreja e ouvir sobre o amor, muitos de nós simplesmente voltamos para os bairros agradáveis, seguros e confortáveis, repletos de pessoas exatamente como nós, com muito poucos desafios às teorias do "amor incrível" que temos promovido. Se

---

1 Algo que percebi recentemente é que as pessoas que falam rápido, dão conselhos ou se autodenominam especialistas em (preencha a lacuna) raramente têm muita experiência com (preencha a lacuna). Pessoas que têm grande sabedoria, experiência infinita e realmente são especialistas em (preencha a lacuna) tardam em falar, tardam em dar conselhos e são humildemente silenciosas sobre (preencha a lacuna). São exemplos: casamento, paternidade, liderança, negócios, seguir Jesus, esportes, vida; enfim, tudo. Dica profissional: seja *muito* lento para dar conselhos sobre coisas nas quais você tem pouca ou nenhuma experiência.

acontecer de passar por alguém um pouco rude descendo o nosso quarteirão, felizmente temos garagens onde podemos nos trancar no final do dia de trabalho, fechando a porta atrás de nós antes mesmo de desligarmos o carro.

O amor é ótimo em teoria. Ótimo, até bagunçar nossa vida agradável e organizada.

Mencionei antes que meu bairro pode ser um pouco interessante de vez em quando, mas os vizinhos mais interessantes que já tivemos moraram na casa alugada logo atrás da nossa.

Dois anos atrás, depois que nossos antigos vizinhos se mudaram daquela casa, nossos novos vizinhos se mudaram para lá: dois homens adultos que pareciam bons rapazes. Um deles era Bill, um cara com uns 30 e poucos anos que sempre sorria., eu me apresentei um dia e rapidamente o conheci.

No início, Bill e seu colega de quarto eram ótimos vizinhos, sempre simpáticos e educados. Mas logo uma terceira e depois uma quarta pessoa se mudaram para a mesma casa, e o tráfego ao redor de nosso quarteirão começou a aumentar, junto com o número de agulhas que começamos a encontrar na grama. O primeiro colega de quarto de Bill tinha um filho pequeno que também morava na casa e, depois de um tempo, eles se mudaram. Enquanto o colega de quarto arrumava o carro, fui me despedir e ele me disse que a casa estava começando a ficar um pouco maluca para eles ficarem.

Depois que eles se mudaram, a atividade em torno da casa atingiu um nível totalmente novo. As pessoas iam e vinham constantemente, dia e noite, com pequenos pacotes nas mãos. Os carros paravam com mais frequência do que se fosse um posto de gasolina, e estava claro que algo estava sendo vendido ali. (E não, não eram biscoitos de escoteiros.) Eu pegava diariamente um monte de lixo em volta de nossas duas casas e ainda não conseguia acompanhar o volume. Garrafas vazias de álcool, agulhas e lixo por toda parte.[2] Um policial me disse: "Seus vizinhos têm tudo, menos uma placa piscando 'drogas'". Os policiais estavam vigiando a casa por algumas semanas e esperavam pegar nossos vizinhos em flagrante com o que quer que estivessem vendendo.

Certa noite, depois do trabalho, eu estava saindo da minha garagem quando Bill parou para dizer olá.

"Você talvez tenha notado que temos tido um pouco de tráfego ultimamente", disse ele.

"Um pouco?", eu respondi brincando. "Fiquei tentado a parar e dar alguns conselhos sobre como vender drogas! Quer dizer, eu batia muito forte nos cigarros doces e na Big League Chew quando era criança."[3]

Ele ficou vermelho, percebendo que eu sabia perfeitamente o que estava acontecendo, mas eu não o estava condenando. "Tenho tentado tomar decisões melhores, mas é difícil", disse ele. "E... você provavelmente deve saber que estou na lista de criminosos sexuais. Eu passei um tempo na prisão por ser acusado de fazer certas coisas com uma criança, mas cara, eu quero que você saiba — eu não fiz isso."

Não contei a Bill, mas na verdade eu *não* sabia que ele estava na lista de criminosos sexuais. Terminamos nossa conversa e desejamos boa noite. Depois de entrar em minha casa, verifiquei a lista on-line.

---

2 Todos os meses, as lâmpadas externas da nossa garagem desapareciam. Pensei: será que alguém *realmente* precisa de lâmpadas? Descobri depois que as lâmpadas são usadas para produzir metanfetamina. Quanto mais você sabe...

3 Dica profissional: se você estiver passando por Minnesota, não perca a maior loja de doces da cidade na Highway 169! É muito maior do que o Mall of America. Você pode me agradecer mais tarde. Essa dica pode valer o preço deste livro.

Na mosca!

Bill estava nisso.

. . .

Desde o início, eu sentia o impulso de falar *com* Bill e seus amigos em vez de reclamar *sobre* eles.

Para cuidar deles.

Para deixar biscoitos de chocolate.[4] Para tentar amá-los.

Isso me desafiou. E muito! Amor não era mais algo bom para falar em uma manhã de domingo. Em vez disso, era algo contra o qual eu estava lutando, me perguntando como eu poderia vivê-lo havendo tantos dias em que amar era frustrante. Claro, Bill e seus amigos estavam vendendo drogas, mas ainda eram humanos. Adoro o que a Madre Teresa disse: "Ajude uma pessoa de cada vez e comece sempre com a pessoa mais próxima de você". Além de Bec e das crianças, esse era Bill.

Essa nova informação sobre ele levou as coisas a outro nível para mim, no entanto. Eu tinha quatro filhos com menos de treze anos. Descobrir que Bill era um agressor sexual (principalmente devido ao crime de que foi acusado) mudou toda a situação. Mais tarde naquele dia, tivemos uma rápida reunião familiar em que lembramos as crianças sobre os limites. Não mencionamos Bill ou contamos a eles por que estávamos tendo aquela reunião de família, mas apenas os lembramos de sempre perguntar antes de irem a algum lugar com alguém e dissemos aos mais jovens que só poderiam brincar do lado de fora se

---

4   Se eu lhe oferecer comida, não coma nem aceite. Mas há uma exceção: meus biscoitos de chocolate. Eu uso a receita da minha avó Dahle, e eles são *incríveis*!

a mamãe ou o papai estivessem juntos, ou se um irmão mais velho estivesse com eles. Nada é mais importante para mim do que meus filhos e a segurança deles. Nada!

No entanto, a primeira coisa que eu disse a Bec depois que Bill confessou que ele estava na lista de criminosos sexuais foi: "Não quero que isso mude nada sobre a maneira como olhamos para ele ou o tratamos. Temos que ser muito inteligentes e cuidadosos, especialmente com as crianças, mas quero amá-lo do mesmo jeito". Mais uma vez, Bill ainda é humano, não importa o que ele estava fazendo ou fez no passado. Eu queria amar o Bill — sim, saber a verdade sobre o que ele tinha feito e ser sábio com ele, mas também tratá-lo com graça. Era uma linha tênue, mas escolhi seguir com Bill.

• • •

Quando olho para a igreja e a vida de outros cristãos (incluindo a minha), muitas vezes tudo parece impecável e organizado. Ideal. Sadio. Eu amo ver bons amigos cristãos que falam muito sobre a Bíblia e lutam com a teologia simplesmente por uma questão de conversa. Vidas seguras separadas de qualquer coisa ou pessoa suja, sombria ou bagunçada. Casas bonitas. Carros legais. Áreas agradáveis da cidade. O sonho americano.

Quanto mais seguimos Jesus, mais organizada, impecável e segura nossa vida parece se tornar.

No entanto, de muitas maneiras, o sonho americano é muito diferente das palavras e ações de Jesus. *Bem* diferente. A maioria das pessoas com quem Jesus andava era atribulada e vivia uma vida complicada. Todos sabiam como essas pessoas eram confusas e faziam o possível para ficar longe delas.[5] Jesus andava com aqueles que os outros desprezavam. Ele andava com pessoas que viviam vidas completamente diferentes daquelas que Ele queria que vivessem. E algumas das pessoas com as quais Jesus cruzou não mudaram a vida delas em um passe de mágica e viveram uma "vida cristã plena" também. Elas continuaram atribuladas, mas Jesus ainda as amava.

O amor é turbulento. Uma verdadeira complicação.

É como comer costelas. Eu amo costelas. Eles são tão gostosas. Mas falando sério, não há nenhuma maneira limpa para comer costelas. Você apenas tem que comer e lambuzar o molho barbecue em todo o seu rosto. Da mesma forma, não podemos esperar e ser excessivamente cautelosos quando amamos. Não há uma maneira limpa e bonita para fazê-lo. Nós só precisamos pegar e depois lidar com a bagunça que fica lá.

Uma pessoa como Bill é desprezada e rejeitada pela maioria das pessoas "respeitáveis". Ele mora em uma casa de drogas. Sujar o quarteirão é uma coisa (ele e os amigos são literalmente bagunceiros), mas além disso, ser um criminoso sexual é um passo adiante. Esse rótulo faz dele um predador na sociedade, mas também faz dele uma presa fácil em lugares como a prisão.

Vou apenas dizer: muitos diriam que nosso mundo estaria bem melhor sem pessoas como Bill. Sempre que criminosos sexuais são mencionados em uma notícia, basta verificar os comentários para ver como as pessoas se sentem:

"Leve-os para algum lugar do país, atire neles e deixe-os como mortos!"

"Arraste-os para trás de um carro! Doente desgraçados!"

---

5   Caso você tenha se esquecido, você também é uma pessoa muito bagunceira. Eu oro para que você e eu nunca nos esqueçamos da nossa bagunça.

"Eles deveriam queimar no inferno!"[6]

É difícil acreditar que Jesus ama o Bill. É ainda mais difícil acreditar que Jesus passou direto por pessoas como você e eu — bons cristãos, pessoas comuns —, para que Ele pudesse fazer amizade, sentar-se e sair com pessoas como Bill.

Leia isso de novo. É difícil entender. Onde condenamos, Jesus ama. Onde somos cautelosos, Jesus arrisca. Revoltante, não é? Às vezes, o amor parece revoltante.

A verdade é que o amor é complexo. Ele protege totalmente o inocente enquanto busca o bem do culpado. Para ser honesto, chamei a polícia para cuidar de Bill e seus amigos com bastante regularidade. Sempre que víamos tráfico de drogas, ligávamos. Sempre que alguém gritava a plenos pulmões e parecia que uma guerra estava para acontecer em nosso quintal, chamávamos a polícia. E, verdade seja dita, grande parte do motivo pelo qual liguei tantas vezes foi porque eu amava muito o Bill. Eu queria que ele fosse pego e, se necessário, que voltasse para a prisão. Tudo porque eu o amava. Ele estava tomando decisões ruins, e eu acreditava que ele era melhor do que aquilo.

Mesmo que eu tenha chamado a polícia, isso não me impediu de cumprimentar o Bill ou de emprestar meu cortador de grama quando ele pedia.[7] Não me impediu de lhe dar meus biscoitos de chocolate. Com

---

6 Esses foram todos comentários reais do Facebook sobre uma notícia recente sobre um agressor sexual.

7 Cada vez que Bill perguntava se podia usar o meu cortador de grama, eu não queria que ele pegasse emprestado. Secretamente, pensei que ele deveria comprar seu próprio cortador de grama e sua própria gasolina. Eu gostaria de pensar que sou uma pessoa generosa, mas descobri que a generosidade acaba quando se trata do meu cortador de grama! Para começo de conversa, alguma vez aquele cortador de grama realmente foi meu?

Bill, o amor não era mais uma teoria. Ficou confuso. Mas, estranhamente, interagir com ele me fez sentir mais perto de Jesus.

• • •

Se você é cristão e sua vida parece perfeitamente organizada e impecável, você pode se perguntar se está realmente seguindo Jesus. Se não há ninguém na sua vida que seja complicado ou realmente difícil de amar, eu o encorajo a começar a se colocar em lugares onde possa conhecer pessoas como Bill. Lugares difíceis e bagunçados.

Talvez você acabe vendendo sua casa no subúrbio para se mudar para algum lugar "sombrio".

Talvez fique ao lado de outro adulto para ajudá-lo a colocar sua vida nos trilhos.

Talvez você faça amizade com aquele viciado.

Talvez você entre em contato com alguém que está fazendo escolhas erradas e tome um café com ele.

Talvez você deixe alguém que esteja se recuperando ficar no seu quarto de hóspedes.[8]

Talvez você ofereça ajuda à pessoa que teve um caso.

Oro para que sua vida e os amigos com quem você se encontra depois de sair da igreja aos domingos sejam complicados, não impecáveis. Quanto mais seguimos Jesus, mais complicadas — e não mais

---

8   Sim, em sua casa! Surpresa!

218 | O Amor tem um nome

impecáveis — nossa vida deve se tornar. É quando o testemunho e sua própria caminhada com Jesus serão colocados à prova.[9]

Mantenha os limites, mas não condene os outros. Isso pode parecer contraditório com todo o capítulo, mas precisamos de limites em nossa vida. Os limites são bons e necessários, especialmente se somos novos em seguir Jesus ou se há uma área com a qual temos dificuldade.

Você luta com a bebida? Fique longe do bar e dos amigos que bebem regularmente. É casado, mas sente atração por alguém que não é seu cônjuge? Não é sua responsabilidade ajudar essa pessoa. Em vez disso, conecte ele ou ela a um amigo. Limites saudáveis são muito importantes.

Subestimamos muito o poder da oração pelas pessoas em nossa vida. Às vezes, simplesmente não estamos qualificados para lidar com os problemas com os quais as pessoas estão lidando. Portanto, em vez disso, nós os amamos e oramos com urgência por eles — pedindo a Deus que traga liberdade para a vida deles, que os ajude a fazer mudanças e os motive a buscar ajuda. Mesmo com as pessoas com as quais realmente nos sentimos "qualificados" para ajudar, a oração deve ser nosso primeiro recurso, não o último. Por quem você ora regularmente?

● ● ●

Seis ou sete meses atrás, os policiais pararam em nosso bairro com tanta frequência que Bill e seus amigos finalmente se mudaram. A casa ficou vazia. Eu estaria mentindo se não dissesse que isso trouxe pelo menos um pouco de alívio para nós.

---

9 Nota para os cristãos que querem realmente ir "fundo": a profundidade não é encontrada ao ler mais a Bíblia; é encontrada em momentos como esse, depois de ler mais a sua Bíblia.

Eu não precisava mais me preocupar com as crianças encontrando agulhas na grama ou pegando um saco cheio de lixo no meu gramado todos os dias. Eu não precisava mais pensar em ter um agressor sexual no meu quintal. Estranhamente, porém, sinto falta de Bill.

Sinto falta de seu sorriso. Sinto falta das conversas que tivemos enquanto eu saía do meu carro no final do dia de trabalho, enquanto ele se sentava em sua varanda. Eu acho que você poderia dizer que eu o amava. Sentimos falta das pessoas que amamos e de quem cuidamos. Não sinto falta da bagunça, no entanto. Em absoluto. Nem das drogas, do lixo e da loucura.

Mas sinto falta da pessoa que estava naquela bagunça.

Não sinto falta da bagunça, mas sinto falta do bagunceiro.

• • •

Algumas semanas se passaram e eu, aleatoriamente, falei com a dona da casa alugada para ver quais eram seus planos.

"Não quero mais alugar, por isso estou pensando em vender", disse-me a proprietária.

"Sério? Quanto você quer na casa?", perguntei.

"Vamos fazer uma avaliação e começar por aí. Você também pode querer ver primeiro o interior do local. Está uma bagunça."

Ela não estava brincando. O teto da cozinha estava caindo. Os tapetes estavam destruídos. A casa inteira cheirava a urina, embora Bill e seus companheiros de quarto não tivessem animais de estimação. Algumas janelas foram quebradas. Estava realmente uma bagunça nojenta!

Por que estaríamos interessados em comprar uma casa que estava literalmente caindo aos pedaços? Planejamos restaurá-la e, em seguida, listá-la para alugar no Airbnb. Mas sabe o principal motivo pelo qual consideramos comprá-la? Ter um local disponível caso um amigo esteja passando por um período difícil na vida.

Talvez sirva para um amigo que esteja passando por uma provação inesperada e precise de ajuda extra. Uma família que não tem para onde ir. Uma pessoa que está tentando voltar aos trilhos. Um amigo que precisa de um lugar para ficar por algumas semanas.

Não seria legal para essa casa alugada deixar de ser um ponto de drogas e se tornar um local de refúgio? Mudar de um lugar de turbulência para um lugar de cura? Do desespero para a esperança. Da escuridão para a luz.

Uma casa que estava uma bagunça talvez pudesse parecer um lar para alguém que tivesse passando por uma bagunça.

Mais do que uma casa sendo reformada, Jesus deseja que a mesma coisa aconteça dentro de pessoas como Bill, dentro de pessoas como você e dentro de pessoas como eu.

Anos atrás, compramos um pedaço de terra e construímos no lago a cabana mais fofa de todos os tempos. É um local cheio de memórias, a realização de um sonho nosso. Mas a única maneira de transformar a antiga casa de drogas em nosso quintal era vendendo a cabana. Não importa quão duro era para nós pensar sobre isso, Deus ficou nos cutucando. Quando eu postei a venda da cabana no Facebook, Bec começou a chorar. Essa cabana significava muito para nós. Mesmo que ela estivesse completamente de acordo com a venda, ainda era difícil deixar esse nosso sonho ir embora.

Quando os donos da casa fizeram a avaliação, foi um valor justo, mas não podíamos pagar. Expliquei que estava fora de nossa faixa de preço e os incentivei a anunciá-la. Eu sabia que seria vendida rapidamente. Eles responderam: "Queremos ouvir sua oferta primeiro".

"O quê? Por quê? Vocês podem vendê-la por esse preço!"

"Queremos ouvir sua oferta primeiro."

"Vocês prometem que não ficarão chateados com uma oferta baixa?"

"Nós prometemos. Queremos ouvi-lo."

Dei a eles nossa oferta, milhares a menos do que a avaliação. Nem preciso dizer que agora somos os orgulhosos proprietários de uma casa de drogas — uma antiga casa drogas!

Nossa cabana foi vendida rapidamente, e aquela casa era oficialmente nossa. Enquanto digito, minhas mãos estão cobertas de tinta. Esta semana os pisos de madeira estão sendo restaurados.[10]

Só para deixar claro, não há necessidade de pensar que somos especiais. Quem nos conhece pode dizer a mesma coisa. Compramos a casa porque sentimos que era algo que Deus queria que fizéssemos.

Decidimos que não queríamos mais que o amor fosse uma teoria. Minha única esperança é que, se alguém der uma boa olhada em minha *vida* — não apenas minhas crenças, teologia e frequência à igreja —, verá Jesus em todo lugar.[11]

---

10 Trabalhar nessa casa foi nossa versão do *Fixer Upper*! Sempre sonhei em ser o Chip.

11 A boa teologia é muito importante. Eu realmente acredito nisso, agora mais do que nunca. Minha esperança, porém, é que você não pare apenas de "amar Jesus e ter boa teologia". Em vez disso, ame a Jesus, tenha boa teologia e deixe que isso o transforme, o que sem dúvida resultará em amar radicalmente as pessoas assim como Jesus amou.

Ainda não sei dizer se essa é uma ideia terrível ou não. Mas sei que parece confuso, muito confuso, e acho que é assim que Jesus deseja que o amor se pareça.

18

Russ e o cara do "pastor do caramba"

O amor torna o menos importante no mais importante

Há pouco tempo, acabei indo ver uma luta de MMA. Não gosto de lutas recreativas e, honestamente, não sei como me sentir em relação ao MMA. Pode ser normal dois caras entrarem em um octógono e basicamente tentarem se matar enquanto a multidão ruge? Quero dizer, algumas pessoas dizem que deveria ser ilegal. Pessoalmente, sou mais um amante do esporte do que um lutador (exceto quando pequenos ladrões estão prestes a me socar na frente de uma loja de pechinchas).

224 | O Amor tem um nome

Porém, no início daquela semana, conheci por acaso um dos lutadores,[1] e então uma outra pessoa me ofereceu dois ingressos grátis para ir ver a luta de sexta à noite.[2] Mandei uma mensagem para um amigo perguntando se ele queria ir comigo. Ele disse que sim.[3]

Então, a noite de sexta-feira chegou, e lá estava eu, entrando no estacionamento da arena, me perguntando no que eu tinha me metido. Assim que estacionamos, me virei para meu amigo e perguntei: "Será que deveríamos estar aqui?".

"Provavelmente não veremos ninguém que conhecemos", disse ele, tentando me tranquilizar.

Assim que atravessamos as portas da arena, as coisas ficaram loucas! Noventa e cinco por cento da multidão era de homens. A cerveja fluía como água. O nível de testosterona estava acima das tabelas. Oh, e dois caras estavam se preparando para matar um ao outro no ringue. Nada de especial, não é?

Tentamos encontrar nossos lugares no meio do caos. *Vamos apenas tentar não chamar tanta atenção*, pensei. *Vai com calma, Adam. Tudo vai ficar bem.*

Mas enquanto caminhávamos para nossos lugares, parecia que todas as pessoas na arena estavam dizendo "oi" para mim.

"Adam!"

"Pastor!"

"E aí, cara! Ei! Eu frequento a Embrace!"

---

1 O lutador era Michael Chandler, tricampeão mundial de MMA.

2 Obrigado pelos ingressos, Jones!

3 Esse era Tyler, meu amigo corretor de imóveis, sobre quem escrevi anteriormente.

Ai, será que estou ouvindo?! Parecia que todos os outros caras estavam me cumprimentando com um "oi" ou estendendo a mão para apertar a minha. Tudo o que eu conseguia pensar era: *Toda a nossa igreja está nessa luta? É possível esse seja nosso novo culto de sexta à noite?*

O melhor momento foi quando meu amigo e eu finalmente nos sentamos na terceira fila (nesse lugar, estávamos praticamente no ringue). O sujeito sentado ao meu lado chamou minha atenção. Ele estava olhando para mim com um sorriso enorme. *Será que de alguma forma ele me conhecia? Ele sentiu que eu não era um lutador e queria me bater?* Eu dei a ele um aceno rápido como uma forma de dizer "olá", e em resposta ele disse: "Ei, cara! Você é um *pastor do caramba*!"

(Só para deixar claro, ele não disse que eu era seu pastor "favorito".) Eu respondi: "Sério? Você vai à Embrace?"

"Sim", respondeu ele. "Na verdade, odeio ir à igreja, mas minha esposa me arrastou até lá há alguns meses. Agora eu gosto de ir! A cada semana, sinto que a mensagem está falando bem para mim."

As luzes se apagaram, e a luta estava pronta para começar. Mas foram as palavras do homem que ficaram gravadas na minha cabeça. *"Você é um pastor do caramba."* Eu ri. *Sim, cara, sou eu. E eu acho que isso é uma coisa boa.*

Enquanto assistia à luta, agradeci a Deus por meu novo amigo sentir que podia ser verdadeiro comigo. Ele não era falso. Ele não se transformou em uma espécie de anjo como muitas pessoas fazem quando descobrem que sou pastor. Em vez disso, ele foi apenas ele mesmo — um cara em uma luta de MMA que estava animado (aparentemente *muito* animado!) por ver seu pastor ali ao lado dele.

O Amor tem um nome

Honestamente, nunca me senti tão orgulhoso de ser um *pastor do caramba*. Eu estava tão grato por ele ter se apresentado, tão grato por ele ter me cumprimentado.

Naquela noite, aquela luta foi exatamente o lugar onde eu precisava estar.

. . .

Um dos amigos íntimos de Jesus, um sujeito chamado Mateus, nos conta sobre uma época em que o estava deixando a cidade de Jericó para ir a Jerusalém a fim de participar de uma festa importante.[4]

Quando Jesus estava saindo da cidade, um grande grupo de pessoas o seguia. Estavam entusiasmados com o desfile extravagante que estava acontecendo, tendo Jesus como o foco central. Mas por trás da multidão havia dois homens sentados à beira da estrada. Não sabemos o nome deles — tudo o que sabemos é que eram cegos.[5]

Sentados à beira da estrada, esses homens provavelmente eram mendigos. Os mais pobres dos pobres na sociedade. Quando eles ouviram que Jesus estava vindo em sua direção naquele dia, começaram a clamar: "Senhor, tem misericórdia de nós!". Eles provavelmente tinham ouvido falar que Jesus podia curar pessoas milagrosamente e esperavam ser curados da cegueira também.

Quando os dois homens gritaram, a multidão os repreendeu, gritando para que se calassem. Jesus claramente tinha coisas mais importantes a

---

4 Hoje conhecemos essa celebração como Domingo de Ramos — um dos meus feriados favoritos. Em cada Domingo de Ramos, colocamos jumentinhos na igreja em que eu sou pastor. As crianças podem acariciar e tirar fotos com os burricos. Acho que gosto mais dos animais do que das crianças.

5 Essa história sobre os dois cegos e Jesus está em Mateus 20:28-34, que parafraseei.

fazer do que dar atenção a dois mendigos cegos. Ele estava a caminho de Jerusalém para um negócio importante lá. Se Ele tivesse de parar, não seria por dois cegos à beira da estrada, obviamente!

Essa é a minha tradução do que a multidão gritou: "Calem a boca, cegos inúteis!".

Os homens, porém, não se importaram com o que a multidão pensava. Mandar que se calassem só fez com que gritassem ainda mais alto. Eu gosto disso. Esses caras são agressivos! Leia nas entrelinhas — você quase pode ouvir seus pensamentos: *Vocês estão nos mandando calar a boca? Bem, parece que damos a mínima para o que vocês pensam? Infelizmente para vocês, não mesmo, de jeito nenhum!*

Aqui, mais uma vez, Jesus fez o inesperado. Em vez de ouvir a multidão e continuar seu caminho, em vez de falar com as pessoas mais importantes que estavam ali, Ele ouviu os dois homens e parou, não permitindo que o grito dos necessitados — o clamor de dois pedintes cegos — passasse despercebido. Jesus parou e, dando um passo adiante, perguntou: "O que vocês querem que eu faça por vocês? Peça, e Eu farei."

Eles pedem.

E Ele faz.

· · ·

Alguns anos atrás, um cara que eu conhecia do colégio, chamado Russ, começou a frequentar o Embrace. No Ensino Fundamental, éramos amigos por causa dos esportes, mas depois do colégio ouvi que a vida dele havia ficado muito desregrada. Como resultado, esse cara se tornou um dos sujeitos mais pirado de todos os tempos.

Como um jovem intenso, do tipo "eu vou acabar com você", de aparência controversa.

Nunca esquecerei o primeiro domingo que Russ foi à Embrace. Sua esposa o levou e eu fiquei completamente chocado ao vê-lo ali. Mas o que mais me lembro é que, quando fui dizer olá antes do culto, Russ nem percebeu que eu estava lá. Estava muito claro que ele não queria estar na igreja.

No entanto, ele e sua esposa começaram a vir regularmente, e cada vez mais eu podia ver Deus trabalhando em sua vida. Mesmo que ele não dissesse isso, eu podia ver algo mudando nele.

Enquanto caminhávamos para a luta de MMA naquela noite, vi Russ e disse ao amigo que estava comigo que eu queria ter certeza de dizer olá antes do final da noite. O pai de Russ havia morrido cerca de um mês antes, e eu estava orando por ele.

No meio da noite, alguém me deu um tapinha no ombro. Eu me virei para encontrar Russ parado lá! Eu não podia acreditar que ele tinha vindo até mim. Perguntei como ele estava e compartilhei que sentia muito por saber de seu pai. Ele disse: "Honestamente, embora eu esteja no meio dessa situação horrível de perder meu pai, posso ver Deus trabalhando. É quase como se Ele estivesse preparando meu pai e estivesse me preparando para que isso acontecesse. Sinto que Deus tem estado realmente trabalhando em minha vida ultimamente". Ele terminou me agradecendo por orar por ele e sua família. Fiquei sem palavras.

Enquanto se afastava, o cara do "você é um *pastor do caramba*" (lembra dele?), sentado ao meu lado, perguntou rapidamente: "Como você conhece aquele cara?". Eu disse a ele que também o conhecia da Embrace. "Sério?", ele perguntou. "Esse é um dos caras mais doidos de todos os tempos. Tipo, pirado! Mas há cerca de um ano, ele começou a mudar. Sempre me perguntei o que aconteceu para fazê-lo mudar assim."

Eu não disse nada na época, mas eu sabia a resposta. Entre outras coisas, foi Deus. Deus estava agindo na vida de Russ e o estava mudando de dentro para fora.

. . .

Quando Jesus ouviu os dois homens gritando, Ele parou e perguntou: "O que vocês querem que eu faça por vocês?".

"Queremos ver!", eles responderam.[6]

Os homens disseram exatamente o que estavam sentindo.

Eles *não* disseram: "Bem, Jesus, na verdade, só queremos ouvir mais informações sobre o Senhor. Você pode nos contar suas passagens favoritas das Escrituras?". Eles não amaldiçoaram Jesus. Eles não começaram a falar como religiosos nem se curvaram para adorá-lo.

Não. Nada disso.

Eles simplesmente disseram: "Somos cegos e só queremos ver".

A franqueza deles é revigorante e me lembra os caras na luta de MMA.

"Você é meu *pastor do caramba*."

"Na verdade, odeio ir à igreja, mas minha esposa me arrastou até lá há alguns meses. Agora eu absolutamente gosto de ir!"

"Mesmo que eu esteja no meio dessa situação horrível de perder meu pai, posso ver Deus trabalhando."

---

6   Mateus 20:3.

230 | O Amor tem um nome

Os dois cegos apenas disseram o que sentiam. E Jesus os respondeu. Ele sentiu compaixão por eles e tocou seus olhos. Eles puderam ver instantaneamente. Mateus nos fala de outras vezes em que Jesus sentiu compaixão pelas pessoas, mas em todos os casos, exceto nesse, Jesus sentiu compaixão por *multidões*. Dessa vez, essa compaixão era específica para esses dois homens. Isso é bem legal.

E tem mais. A parte que costuma ser esquecida nesta história de Jesus e os mendigos cegos é o que aconteceu depois que Ele os curou. Ao contrário de *todas* as outras vezes em que Jesus curou alguém e depois continuou seu caminho, deixando a pessoa curada ficar para trás, somos informados de que os dois homens se levantaram e *seguiram* Jesus! Eles queriam fazer parte do que Jesus estava fazendo. Eles se levantaram, deixaram sua vida para trás e o seguiram. Essa é a única ocorrência que sabemos em que alguém foi curado por Jesus e imediatamente o seguiu.

$$\bullet \ \bullet \ \bullet$$

Na luta de MMA, tive um vislumbre de como Jesus deve ter se sentido. Compaixão por dois caras específicos, tão rudes quanto eles eram. Talvez os dois na multidão pelos quais eu seria a pessoa *menos* provável de sentir compaixão, se todas as coisas fossem iguais.

Os dois cegos que Jesus encontrou foram vistos por aqueles ao seu redor como gente sem importância, inútil. Eles simplesmente não se encaixavam no molde. Em vez disso, falavam alto — pedindo a Jesus que os curasse de uma forma que muitos provavelmente teriam medo de fazer. Russ e o homem do *"pastor do caramba"* são muito parecidos com os dois cegos. Rudes e sem polimento, eles fazem a maioria das pessoas da "igreja" se sentir bastante desconfortável. Portanto, a igreja não abre espaço para eles. Nós os ignoramos até que eles vão embora ou pelo menos até que arrumem a vida deles, ou acabamos dizendo a eles que não podem fazer certas perguntas ou dizer certas coisas. Achamos que esse tipo de pessoa não deve pertencer a uma igreja. Ah, exceto pelo fato de que *Deus* pensa que eles são importantes — os mais importantes, não menos importantes.[7]

O amor torna o menos importante no mais importante.

Então, como amamos pessoas como Russ e o cara do *"pastor do caramba"*? Pessoas como os cegos de Mateus? Como podemos elevar essas pessoas "menos importantes" em nossa vida ao status VIP que elas já têm com Deus?

Primeiro, temos que reconhecê-los. Naquela noite na luta, eu poderia ter escolhido ignorar intencionalmente o cara do *"pastor do caramba"* quando ele se dirigiu a mim daquela forma. Pior ainda, eu poderia tê-lo chamado a atenção por usar esse tipo de palavra (na verdade, a real expressão que ele usou era bem mais vulgar) para me descrever. *Você não pode falar palavrões! Se você for à igreja, saberá que realmente deve parar de xingar!*[8] Caso encerrado. Conversa concluída.

Em vez disso, como Jesus fez com os dois homens na estrada, reconheci o homem do *"pastor do caramba"*. Eu o cumprimentei. Fiz perguntas a ele; escutei sua história e realmente o conheci no processo. O amor que torna o menos importante no mais importante começa pelo reconhecimento das pessoas.

---

7   Esse tipo de pessoa deve ser os VIPs em nossas igrejas, as pessoas em quem baseamos as decisões diárias. Não os grandes doadores. Não os reclamantes mais barulhentos. Não as pessoas que fazem parte da igreja há mais tempo. Em vez disso, os VIPs aos olhos de Jesus são pessoas como os dois caras que foram assistir à luta e os dois cegos que estavam à beira da estrada.

8   Acredite em mim, esta seria realmente a resposta certa de muitos cristãos.

232 | O Amor tem um nome

Em segundo lugar, deixe de se importar com o que todo mundo pensa. É mais fácil falar do que fazer, não é? E me conte sobre isso. Eu também luto com as mesmas coisas. Lembra como quase não fui assistir à luta? *Espere, esse é o pastor da Embrace? E ele está falando com aqueles caras? Eu sei que tipo de gente eles são. O pastor é amigo deles?!* Ao amar as pessoas com esse menos-importante-mais-importante tipo de amor, temos de — e eu quero dizer realmente que precisamos mesmo — parar de nos preocupar com o que fulano, sicrano e beltrano pensam de nós. Não importa, e assim como no caso de Jesus com os cegos, isso apenas nos atrasa. Imagine se Jesus tivesse se importado com o que a multidão pensava sobre Ele parar ali para curar dois mendigos cegos. Mateus não teria uma história para contar! Pare de se importar com o que as outras pessoas pensam e ame o que menos importa em sua vida.

Por fim, lembre-se de que você também é uma dessas pessoas menos importantes. Sim, você mesmo!

Mas, Adam, eu tenho uma renda de seis dígitos!

Eu conquistei todas as coisas, e ainda nem sou tão velho!

Você não percebe, mas eu realmente fiz uma tonelada de coisas boas na minha vida.

Adam, como eu poderia ser uma das pessoas menos importantes? Você não sabe quem são meus pais?!

Acredite em mim, você não é lá grande coisa. Honestamente, nenhum de nós é. E é quando percebemos isso que estamos mais bem equipados para amar a todos igualmente, sem desprezá-los e pensar que somos melhores do que eles.

Chegar a um acordo sobre ser um dos "menores desses" é alterar a fé. Isso nos torna humildes em tudo o que fazemos, inclusive na maneira de amar as outras pessoas. Embora não sejamos grande coisa, todas as pessoas com quem entramos em contato podem ser (e são!). A única maneira lógica que podemos escolher para responder a eles, então, é com amor — um amor que trata a todos como os VIPs que são aos olhos de Deus.

Russ e o cara do *"pastor do caramba"* estavam procurando apenas uma coisa: ser amados — e ser bem-amados. Existem tantas pessoas menos importantes em nossa vida cotidiana apenas esperando para serem amadas, como os dois cegos que queriam a cura e acreditavam que Jesus poderia amá-los assim.

Hoje, vamos escolher um amor que torne o menos importante no mais importante.

19

G. I. C.

O amor puxa uma cadeira

lguns anos atrás, depois de um dos cultos matinais na igreja, um universitário — vamos chamá-lo de G.I.C.[1] — se aproximou de mim e perguntou: "Pastor, qual é a sua posição sobre a homossexualidade?".

Independentemente da posição da pessoa sobre o assunto, prefiro muito mais ter uma conversa real do que dar logo minha resposta direta. Mas quando G.I.C. fez sua pergunta, ele não estava interessado em uma conversa. Ele queria meu veredito. Rapidamente. Então, eu dei a ele

---

1 Esse apelido me lembra A. C. Slater. Eu sonho em parecer A. C. Slater! Cabelos cacheados. Bíceps maiores que minha cabeça. Covinhas. O cara. Quer dizer, bem arrumadinho!

minha resposta sucinta de 20 ou 30 segundos. Ele respondeu: "Obrigado", virou-se e foi embora. Lembro-me de ter pensado comigo mesmo: *Não tenho ideia do que ele quer, mas, independentemente disso, há uma grande chance de que ele não tenha pirado com a minha resposta!*

Sem pensar mais em G.I.C., fui para casa,tirei meu cochilo de uma hora para repor as energias, como faço todos os domingos, e depois voltei para a igreja para o culto noturno. Após o culto, subi ao meu escritório para reunir todas as minhas coisas antes de ir para casa e encerrar a noite.

Enquanto juntava minhas coisas, olhei pela porta do meu escritório e vi um funcionário tentando parar um homem enquanto ele caminhava o mais rápido que podia em minha direção. O cara passou pelo funcionário, entrou no meu escritório, e passou em torno de mim tão rápido que nem percebi quem era até que ele se virou.

Era G.I.C! "Eu tenho outra pergunta!", ele rapidamente deixou escapar.[2]

Assustado e chocado (e honestamente, um pouco preocupado) com a rapidez com que ele entrou no meu escritório e com o fato de que ele agora estava agora mais dentro da sala do que eu, tudo o que eu pude dizer foi: "Bem, vamos ouvir!".

"Como você pode viver consigo mesmo pastoreando uma igreja cheia de pessoas que estão condenadas ao inferno?", ele acusou. "Esta manhã havia dois gays de mãos dadas em sua igreja, e estou me perguntando como você poderia recebê-los aqui!"

Bem, eu não sou uma pessoa muito confrontadora. Vamos reformular isso: a simples *ideia* de conflito me faz querer ficar enrolado na posição fetal. Se você vier na minha direção buscando por confronto, eu correrei

---

2 G.I.C. significa Garoto Irritadinho do Colégio, só para você saber.

na direção oposta. Mas por alguma razão, naquele momento, eu apenas senti que deveria falar. Não sobre o meu ponto de vista a respeito de um determinado assunto, mas sim sobre o orgulho que eu podia sentir na voz de G.I.C. Eu gentilmente respondi: "Essa é uma ótima pergunta, e ela se parece exatamente com algo que foi dito na Bíblia".

Ele se mostrou meio confuso. Então eu continuei: "Sim, isso se parece exatamente como o relato de Lucas capítulo 15 versículo 2.[3] Jesus estava sentado com cobradores de impostos e pecadores, enquanto os fariseus estavam resmungando e murmurando sobre o fato de Ele estar recebendo aqueles rapazes e comendo com eles. Você conhece essa história, não é?".

"Sim", ele respondeu calmamente.

Eu poderia dizer que G. I. C. conhecia bem a Bíblia, então continuei perguntando: "Você sabe sobre os cobradores de impostos?".

"Sim, eles exploravam seu próprio povo."

"Isso é verdade, mas imagine o seguinte", eu disse. "Eu não conheço seu pai, mas tenho certeza de que ele é um grande homem. Agora imagine eu roubando dinheiro do seu pai. Todos os dias, seu pai trabalha muito, e eu me esforço cada vez mais para roubar o dinheiro dele. Como você se sentiria a meu respeito?"

"Eu não gostaria de você", disse ele.

"Você está chegando perto, mas ainda não estamos lá. Agora imagine sua mãe *e* seu pai, e estou roubando de ambos cada centavo que consigo. Pegando cada centavo que posso colocar em minhas mãos. Eu rio com arrogância e agradeço a Deus por eles trabalharem muito e ganharem

---

3   Se você não leu essa passagem antes, eu o encorajo a fazer uma pausa e ler Lucas 15 inteiro antes de continuar.

dinheiro para que eu possa gastar tudo comigo, deixando-os com pouco. Agora, como você se sentiria em relação a mim?"

Com um olhar intenso que nunca vi antes nos olhos de uma pessoa, ele disse: "Eu *odiaria* você!"

Eu sorri. "Agora você está começando a entender a história. Imagine-me voltando para casa e Deus dando a festa mais louca de todas para comemorar o meu retorno. Deus está muito grato por seu amado filho ter voltado para casa. Ele me ama muito e está se alegrando com a minha chegada! Essa é a história em Lucas 15. E a verdade é — não se trata de uma história bonita, certo? Não é nem uma boa história. É terrível. Está tudo errado. É uma vergonha!

Isto é, até percebermos que... isso se aplica a nós. Voltando à sua pergunta sobre dar boas-vindas a certas pessoas. Você quer saber quem eu não posso acreditar que deixamos entrar hoje na igreja? Estou quase com vergonha de tê-lo deixado entrar. Realmente não posso acreditar! É revoltante até pensar nisso."

"Quem?"

"Você! Não acredito que deixamos *você* entrar. Não o conheço, mas tenho certeza de que há algumas coisas em sua vida privada que o desqualificam para estar aqui, coisas do seu passado que me chocariam se eu as ouvisse. Não acredito que deixamos você entrar. Isso é insano! Mas agora que penso nisso, há outra pessoa que é ainda *pior* do que você. Na verdade, vou falar com a minha equipe para garantir que essa pessoa nunca mais volte aqui para a igreja. Você sabe quem é esse outro?"

G. I. C. perguntou calmamente: "Quem?".

"Eu mesmo! Cometi muitos erros. Não consigo acreditar em algumas das coisas que eu já disse e fiz. Eu ficaria muito envergonhado de compartilhar tudo. Honestamente, eu nunca deveria entrar nesta igreja novamente. Mas isso é muito para absorver, não é?"

"Isso é muito para absorver."

Silenciosamente, G. I. C. saiu pela porta, deixando meu escritório. Eu fiquei lá, chocado por ter dito tudo aquilo. Mas eu quis dizer cada palavra.

. . .

A verdade é que há muitas coisas que foram e serão debatidas por séculos. Particularmente na igreja.

Livre arbítrio *versus* predestinação.

Batizar *versus* dedicar seu filho.

Democrata *versus* Republicano.

Adão e Eva — realidade *versus* metáfora.

Casamento tradicional *versus* casamento de pessoas do mesmo sexo.

Bengals *versus* Steelers.[4] (Ore pelos torcedores do Steelers. Eles estão claramente vivendo em pecado!)

Sou grato por conhecer muitas pessoas maravilhosas e tementes a Deus em ambos os lados dessas questões. Podemos discordar em

---

4 Sou um grande fã do Bengals desde os três anos de idade. Lembro-me do Super Bowl XXIII (janeiro de 1989) como se fosse ontem, e às vezes ainda choro pensando em John Taylor marcando o *touchdown* vencedor para o San Francisco 49ers. Eu também não gosto dos Steelers. Não estou brincando. Você pode me falar sobre suas opiniões políticas, que cometeu um crime, ou que até pensou em furar os pneus do meu carro, e ainda assim vou amar você. Mas se você me disser que torce pelo Steelers, vou começar a questionar sua integridade e se você tem ou não alma.

muitas coisas, mas se lermos nossa Bíblia por mais de cinco segundos, sabemos que não podemos decidir a quem damos as boas-vindas e a quem amamos. Deus pode decidir. E a resposta dele? Receba a *todos*.

O mundo responde ao ódio com mais ódio, assim como G. I. C. queria condenar certas pessoas ao inferno.

Você votou nesta pessoa e eu votei naquela pessoa? Odeio você!

Você acha isso e eu acho aquilo? Odeio você!

Você é apaixonado por isso e eu sou apaixonado por aquilo? Odeio você!

Você discorda de mim em x, y ou z? Odeio você!

Jesus vira as coisas de cabeça para baixo. Ele deixa claro: eu discordo de você. Não concordo com suas ações. Eu penso muito diferente de você. Seus caminhos não são os meus — eles são diferentes. Mas veja só: eu ainda quero me assentar com você. Eu ainda lhe dou boas-vindas. Eu ainda amo você.

Receber pessoas é diferente de concordar com elas. Amar as pessoas não significa mudar o que acreditamos. Não significa invalidar Deus ou a Bíblia. Não significa concordar com os outros quando temos certeza de que não concordamos.

Mas e se nos esforçarmos para encontrar um lugar comum tanto quanto nos esforçamos para separar os argumentos uns dos outros? E se, em vez de nos concentrarmos automaticamente no que nos torna diferentes, escolhermos celebrar o que nos torna iguais? Ouvir? Respeitar em vez de menosprezar o ponto de vista de outra pessoa? E se nos amássemos como pessoas destruídas e confusas, e não apenas porque caímos no mesmo lado do espectro político?

E se nos sentássemos ao lado de alguém em vez de condená-lo ao inferno?

As pessoas sabem o que você defende ou apenas sabem contra o que você é? Minha opinião é que já temos gente "contra" o suficiente — gente que só fala sobre o que não concorda. Eu quero ser uma pessoa "a favor" — pessoas constantemente focadas nas coisas positivas que defendemos, não naquilo que somos contra.

Você discorda de alguém? Em vez de se distanciar ou condená-la ao inferno em sua cabeça, faça amizade com ela. Sente-se e escute o que ela tem a dizer. É mais difícil odiar alguém depois de tomar um café com ela. E é mais difícil julgar quando você ouve a história dela e não apenas as partes bonitas.

Aqui está algo a considerar: as pessoas que discordam de você ainda gostam de estar com você? Melhor ainda, você tem muitos amigos, não apenas conhecidos, que discordam de seus pensamentos e suas crenças? Não tem nenhum? Isso não é bom. Eu o amo o suficiente para dizer que nessa área da sua vida você não se parece com Jesus — de jeito nenhum! Devemos nos cercar de pessoas diferentes de nós.

Muitas vezes descartamos pessoas com as quais não concordamos como se elas fossem más, mas esse é realmente o nosso trabalho? É nosso trabalho abrir buracos em todas as opiniões que não se alinham totalmente com a nossa? Frequentemente, preferimos destruir as pessoas do que simplesmente tentar entendê-las.

. . .

Algo que me chama a atenção sobre Jesus é que, quando Ele está sentado com os cobradores de impostos e pecadores (ou qualquer um

242 | O Amor tem um nome

de quem Ele discorde — com exceção de pessoas religiosas), Ele não começa imediatamente a falar sobre as falhas óbvias e as diferenças deles. Ele não se senta e fala sobre como Ele discorda do que os cobradores de impostos fazem para viver. Ele não discute o pecado deles ou explica seu ponto de vista de maneira condescendente, tentando ganhar uma discussão. Não, Jesus apenas os ama.

Jesus puxa uma cadeira.

Ele puxa uma cadeira e se assenta com eles. Ele faz perguntas a eles. Ele os ensina sobre Deus — sobre a graça, a verdade, o amor e a alegria dele. Ele mostra a eles as lacunas que existem entre quem Ele é e quem eles são. Ele come com eles. (Ideia maluca: talvez devêssemos comer um sanduíche apimentado na companhia das pessoas de quem discordamos.)[5]

Estranho, não é? Enquanto escrevo estas palavras, isso me incomoda um pouco. *Mas, e quanto ao pecado deles? Jesus, eles estão roubando o dinheiro das pessoas! E agora o Senhor está compartilhando essa história sobre o incompreensível amor e graça de Deus com eles? Não faz sentido! Você precisa enfrentá-los. Você precisa desafiá-los. Agora mesmo!*

Mas Jesus simplesmente se senta e os ama. Ele nunca diz que está tudo bem com o que estão fazendo. Ele não diz que está tudo bem com a vida deles nem diz "apenas faça o que quiser". Ele não concorda com as besteiras e os pecados deles. Mas Ele os ama. E os ama muito.[6] Embora

---

5   Fato triste sobre Sioux Falls, Dakota do Sul: por séculos, vivemos sem um Chipotle [sanduíche apimentado de origem mexicana] ou Chick-fil-A [rede americana de fast food]. Mas Deus ouviu nossas orações!

6   No final das conversas de Jesus com as pessoas, uma vez que Ele claramente estabeleceu um relacionamento, uma vez que essas pessoas sabem claramente que Ele as ama incondicionalmente, Jesus lhes diz para "irem e não pecarem mais"! Se você está ansioso e *animado* para compartilhar a parte do "vai e não peque mais"

esteja claro que Jesus é de outro mundo, que Ele é santo e eles não. Mesmo que Ele seja muito diferente, eles são irresistivelmente atraídos por Jesus e querem estar o mais perto dele possível.

Descobri que o amor pode mudar tudo em uma pessoa. Argumentos? Não, eu nunca vi uma pessoa mudar por causa de uma discussão. Odiar? Não, nunca vi o ódio mudar a vida de uma pessoa para melhor. Mas e o amor? Eu já vi o amor mudar as pessoas mais difíceis, incluindo a mim. Já vi o amor mudar a maneira como as pessoas pensam e votam. Já vi isso mudar convicções e crenças. Já vi o amor mudar a maneira como as pessoas vivem.

Só para não perdermos o ponto principal: Jesus conta a história do pai que deu uma festa para seu filho perdido, a história que compartilhei com G. I. C. — não para os pecadores e coletores de impostos ouvirem (embora eu tenha certeza de que isso teria feito eles se sentirem muito amados) —, mas para que as pessoas religiosas resmungonas ouçam. Para G. I. C., e você, e eu ouvirmos. É uma história cheia de sutilezas. Jesus desafia as pessoas religiosas. Por quê? Porque Ele as ama também. Ele as desafia porque as ama.

Enquanto acontece a festa para o irmão mais novo, o pai vai até o irmão mais velho e o convida para entrar também. É mais do que um convite, no entanto. O pai *implora a* seu filho mais velho para entrar. Anseia que ele também experimente plenamente seu amor, sua graça e liberdade. Ele quer tanto que o irmão mais velho se junte à festa!

Naquele dia, quando falei essas palavras para G. I. C., minha esperança mais profunda era que Deus se movesse nele. Coração e vida

com uma pessoa, você não deve seguir com isso. Deus usará outra pessoa porque seu coração está no lugar errado. Antes de dizer aos outros que parem de pecar, talvez você precise começar entendendo a profundidade do seu próprio pecado.

cheios de raiva não são o que Deus tem para nós. G.I.C. é tão bem-vindo quanto qualquer pessoa. Deus o ama muito. Mesmo quando você e eu somos como G. I. C., Deus nos ama também. Mesmo em nosso orgulho e arrogância, ele implora que voltemos para casa.

O amor não condena as pessoas ao inferno. O amor puxa uma cadeira.

20

Ted, Ambrase Lekol, Jillian e Jerry

O amor torna cada dia uma aventura

Confissão: sou maníaco por controlar tudo. Verdade seja dita, passo a maior parte dos meus dias tentando controlar as coisas.

Como minha casa está limpa (o que não é fácil com quatro filhos).

Como os outros me veem (o que se torna mais difícil quanto mais pessoas você conhece).

Como minha barba está bonita (loção de barba, alguém?). Basicamente, tento controlar tudo. Todo dia.

Você acha isso ruim? Odeio ser o único a lhe dizer isso, mas você também é uma espécie de doido por controle. Nós, humanos, tentamos controlar tudo. Tentamos controlar nossa imagem, on-line e off-line. Tentamos controlar o envelhecimento de nosso corpo com cremes, cirurgias e dietas estranhas. Tentamos até mesmo controlar outras pessoas, e é muito fácil ver como isso funciona para nós.

Porém, mais do que minha imagem ou minha idade, o que realmente quero controlar é meu *tempo*.

Quero seguir Jesus com tudo o que tenho, com certeza. E estou fazendo algum progresso. Desisti do meu sonho de dirigir uma empresa para me tornar pastor de uma igreja que eu não queria começar. Comecei a dar o dízimo enquanto fazia meu mestrado (em outras palavras, doei dinheiro para uma igreja quando estava praticamente sem dinheiro). Perdoei pessoas que me machucaram de formas que eu nunca poderia ter imaginado.

Tudo isso para dizer que eu tentei dar tudo a Deus. Mas talvez a coisa mais difícil para eu entregar a Jesus tenha sido o meu *tempo* — entregar minha agenda diária para Ele.

Tenho reuniões para assistir. Prazos para cumprir. Sermões para escrever. Contas para pagar. Um gramado para aparar. E crianças que precisam de três refeições por dia para sobreviver. (Ok, para dizer a verdade, minha esposa é a única razão pela qual meus filhos comem e ainda estão vivos.)

Quanto mais velho fico, mais percebo quão pouco controle eu realmente tenho. Em algum momento, parei de tentar planejar o que quero fazer. Em vez disso, todas as manhãs, simplesmente pergunto a Deus qual é o plano que Ele tem para mim. *Deus, o que o Senhor quer que eu faça hoje? Com quem quer que eu me encontre? Como posso me juntar ao Senhor no que quer fazer hoje? Para onde o Senhor quer que eu vá?*

Essa prática diária de entregar o controle a Deus é o motivo pelo qual estou aqui agora, sentado a uma mesa na calçada. Enquanto digito estas palavras, estou sentado em um dos cruzamentos mais movimentados em Sioux Falls: Décima Rua com Avenida Phillips. Tenho uma mala de madeira que se desdobra e se transforma em uma mesa (você pode encontrar qualquer coisa na internet), uma planta, um boneco colecionável de um jogador de beisebol e uma foto emoldurada de minha esposa. Com duas cadeiras de cada lado da mesa, é como um miniescritório portátil.

Ah, e eu tenho uma placa na mesa que diz: "Precisa conversar? Puxe uma cadeira".[1]

Sim, as pessoas que passam por mim me observam com olhares esquisitos, mas estou estranhamente bem com isso![2] Talvez fosse algo que Deus tenha me pedido para fazer com meu tempo, ou quem sabe eu ter bebido muito LaCroix de limão tenha me energizado, mas de qualquer forma, eu me encontro sentado aqui, com meu tempo aberto e disponível se alguém precisar falar.[3]

O que estou começando a perceber é que a vida se transforma em uma aventura quando simplesmente paramos e perguntamos a Deus qual é o plano dele, em vez de seguir nossa própria agenda para o dia. Não estou falando de uma aventura como as viagens exóticas que são feitas na série

---

1 Não mora em Sioux Falls, mas quer conversar? Venha me encontrar nas redes sociais.

2 Se você acabar tentando fazer algo semelhante, adoraria que me contasse sobre isso.

3 Isso foi algo que me senti levado a fazer e planejei fazer há um ano, mas a cada chance eu me acovardava. Que tipo de louco se sentaria em uma mesa do lado de fora e convidaria as pessoas para falar com ele? Bem, hoje eu não poderia encontrar qualquer desculpa para não fazer dessa forma, por isso aqui estou.

The Bachelor. Em vez disso, é uma aventura que pode parecer normal, mas que eu diria ser sobrenatural.

Nossa vida costuma ser muito parecida com o filme *Feitiço do tempo*. Fazemos as mesmas coisas indefinidamente. Passamos dias, meses, anos e décadas de nossa vida sabendo exatamente a maior parte do que esses dias, meses, anos e décadas trarão.

Despertador tocando. Ir ao banheiro depois de segurar por horas. Soltar os cachorros.[4] Chuveirada. Tomar café da manhã. Dirigir para o trabalho. Bater o ponto. Trabalhar. Almoçar. Bater o ponto. Ir para casa. Jantar. Ver TV. Ir para a cama. Repetir tudo.

Bem, não há nada de errado em fazer a mesma coisa todos os dias. Neste mundo em constante mudança, existe, na verdade, algo atraente em trabalhar fielmente no mesmo emprego por 30 anos, morar na mesma casa por gerações e tomar café com o mesmo grupo de amigos na mesma cafeteria todas as manhãs. Realmente, não há nada de errado com isso. Nós precisamos mais dessas coisas!

Mas o que é normal, incluindo nossas rotinas, se torna sobrenatural quando simplesmente permitimos que Jesus assuma o controle de como ocupamos nosso tempo. É realmente incrível o que Deus fará se permitirmos.

A maioria das pessoas gostaria que a vida delas tivesse um pouco mais de aventura. A maioria das pessoas espera algo mais do que um tempo das nove às cinco. A maioria das pessoas deseja ser usada por Deus. Elas só não sabem por onde começar.

---

4 Já se passaram anos e ainda estou tentando descobrir quem soltou os cachorros.

Ted

Quando eu estava saindo da minha garagem para trabalhar, algumas semanas atrás, cruzei com alguns garotos vizinhos que estavam jogando basquete na garagem deles.

Abaixei minha janela enquanto estava passando. "Bela jogada!", eu disse, como uma forma de dizer "oi" para os meninos.

O garoto que parecia ser o mais velho deles (que mais tarde descobri que era amigo de Ted) respondeu rapidamente: "Por que você não nos compra uma tabela com aro novo?".

Eu olhei para cima para ver que a tabela no aro estava quebrada e que a coisa toda estava lutando para permanecer em pé. Fiquei honestamente muito triste.

No início, fiquei surpreso com a pergunta atrevida do garoto. *O carinha realmente quer que eu dê um novo aro para ele? Arrume seu próprio aro, garoto!*

Mas, alguns minutos depois, ouvi Deus dizer: *Na verdade, por que você não compra um novo aro para eles, Adam?*

Oh. *Certo, meu Deus.*

Algumas horas depois, mencionei o aro novo a um amigo.[5] Depois de nossa conversa, postei no Facebook sobre os garotos da vizinhança e sua tabela com o aro quebrado, perguntando se as pessoas queriam ajudar.

Imediatamente as pessoas começaram a responder. Em uma hora, eu tinha um aro em perfeitas condições que uma mãe solteira queria doar,

---

5 Aprendi que preciso dizer rapidamente pelo menos a uma pessoa o que me sinto desafiado a fazer — caso contrário, vou me convencer a não fazer isso.

duas bolas de basquete, algum outro equipamento de um treinador de basquete local e uma caminhonete de um cara que estava disposto a pegar o aro novo e levar para os meninos.

Que loucura.

No dia seguinte, parei na casa onde morava o vizinho Ted e bati na porta. A mãe dele atendeu e perguntei se ela vir até mim para conversar. Eu disse a ela que tinha visto que a cesta de basquete deles estava em mau estado e que alguém ia deixar uma nova cesta e alguns equipamentos de basquete.

A mãe rapidamente deixou de parecer defensiva, preocupada que seu filho tivesse feito algo errado, e ficou muito feliz.

"Você não precisa fazer isso", disse ela.

"Na verdade, preciso sim", eu falei, explicando que a ideia para a nova tabela com o aro não partiu de mim.

Passei a dizer que a única condição para o novo equipamento era que fosse um presente dela para o filho e o amigo dele. Ela seria a heroína, não nós. Ela estava sem palavras.

O dia seguinte chegou e o treinador de basquete deixou duas bolas de basquete, duas bolsas de ginástica incríveis e duas camisetas de basquete Rough Riders da Sioux Falls Roosevelt High School. Mais tarde, o aro chegou na carroceria de uma caminhonete de um sujeito cujo filho estava lutando contra um câncer.

"Obrigado por me deixar ajudar a entregar esta cesta", disse ele. "É muito bom fazer algo de bom por outra pessoa quando tantas coisas boas foram feitas por nós."

Semanas se passaram e todos os dias os garotos estão do lado de fora atirando bolas no aro. Sinceramente, achei que eles talvez curtissem por alguns dias e depois passariam para a próxima coisa. Mesmo se fosse esse o caso, ainda teria valido a pena — porque quando fazemos algo que Deus nos diz para fazer, não deve haver nenhum compromisso, nenhuma expectativa de até mesmo receber um agradecimento. Em vez disso, os meninos ficam atirando naquele aro de basquete durante horas. É fantástico.

O amor torna cada dia uma aventura.

Quando planejei meu dia naquela manhã em que passei pelos meninos com a cesta de basquete meio quebrada, não tinha ideia de que passaria aquele dia procurando uma nova cesta de basquete. O plano de Deus para o dia e para o meu tempo foi muito melhor do que o meu.

Ambrase Lekol

Há alguns anos, um grupo de pessoas da Embrace fez uma viagem missionária ao Haiti. Eu não planejava ir junto e, na verdade, estava procurando motivos para escapar da viagem. Se eu vou para ficar em algum lugar por oito dias, espero que seja um paraíso relaxante. Eu tinha ouvido falar que o Haiti era lindo, mas que não tinha nada de paraíso e nem de relaxante. No entanto, eu me senti obrigado a ir se nossa igreja fosse fazer viagens futuras, então me inscrevi.

Fiz a viagem, sem ter ideia do que aconteceria. Nosso trabalho como equipe era ajudar a tirar fotos dos alunos da missão para que pudessem ser patrocinados. Um dos grupos de crianças com quem nos reunimos não tinha um lugar adequado onde pudesse aprender, então eles se reuniam diariamente sob uma árvore para ter aula. Imediatamente comecei a sentir a necessidade de fazer perguntas à diretora.

"Quando você espera construir um escola?", perguntei.

"Algum dia, no futuro, seria bom, mas não temos dinheiro", disse ela.

"Bem, quanto custaria? Você sabe onde a construiria?"

"Na verdade, temos um pedaço de terra", disse ela.

O momento em que vi o terreno foi o mesmo momento em que soube que a Embrace os ajudaria a construir um prédio escolar. Hoje, algumas centenas de crianças enchem aquele prédio a cada semana. Um novo poço fornece água limpa. Os professores estão ensinando. Os cozinheiros estão preparando comida. As crianças estão aprendendo e se tornando bons estudantes. Os adultos abriram comércios para obter uma renda.

A escola foi construída bloco por bloco de concreto, graças a uma equipe de empreiteiros haitianos, e agora essa pequena escola impactou uma aldeia inteira chamada Jabouin — e realmente, uma região inteira do Haiti. A aldeia ficou tão grata pela construção que decidiram chamar a escola de Ambrase Lekol (The Embrace School).

Retorne até alguns meses atrás, quando outra pessoa da equipe e eu nos encontramos com os administradores Jabouin para obter uma atualização sobre a escola. A escola e os próprios alunos estavam indo bem, mas o espaço estava no limite. Algumas crianças, incluindo as da primeira série, estavam caminhando três horas para estudar (só no trajeto de ida!) Simplesmente porque aquela era a escola mais próxima de onde moravam.[6]

"Continuamos orando para que Deus providencie uma maneira de construirmos uma nova escola", um dos administradores me disse.

Agora, há momentos em que você precisa orar e discernir a vontade de Deus. Esse não foi um daqueles momentos. Às vezes, Deus fala alto e em

---

6 Isso nos dá alguma perspectiva, não é? Meus filhos nem mesmo andam um quarteirão para a escola. Eu os deixo todos os dias bem na porta.

bom som por meio de um administrador escolar haitiano que deseja fornecer educação às crianças.

"Tudo bem", eu disse. "Vamos ouvir sobre essa nova escola." (Não consegui pronunciar essas palavras rápido o suficiente.)

"Há uma aldeia chamada Madame Pierre que não tem escola", contou ele. "Algumas das crianças caminham desde aquela aldeia até a escola Jabouin. Se construíssemos uma escola em Madame Pierre, isso reduziria a caminhada de três horas para quinze minutos. A aldeia quer tanto uma escola que nos disseram que doariam o terreno se alguém pudesse pagar pela construção."

"Quanto custa para começar a escola?"

"Podemos começar com quatro salas de aula. Para crianças do jardim de infância à primeira série, seria 25 mil dólares."

"Vou ver o que podemos fazer", respondi.

Comecei a ter ideias sobre a nova escola e a fazer planos para chegar a alguns amigos, pessoas que pensei que poderiam estar interessadas em contribuir para o projeto.

Esse era o meu plano, até um domingo de manhã, quando decidi aleatoriamente mencionar o projeto da escola na igreja. Em três dias, arrecadamos mais de 30 mil dólares para a escola, e ainda tive de recusar doações. Enviamos um e-mail aos administradores da escola e avisamos que o dinheiro estava a caminho e que podiam começar a construir a escola![7]

---

[7] Temos parceria com uma organização chamada Mission-Haiti. Eles são os verdadeiros heróis. Você pode descobrir mais e patrocinar uma criança em www.mission-haiti.org. Eu acho que você deveria apadrinhar uma criança. Se você decidir fazer isso, me avise!

Eu não tinha planejado gastar meu tempo arrecadando dinheiro para uma escola no Haiti, mas Deus sim. Inicialmente, eu nem queria fazer aquela viagem, mas estou tão feliz que Deus me colocou no avião. Mais uma vez, quando parei de segurar meu tempo com tanta força, uma aventura começou.

Jillian

Algumas semanas atrás, tive a ideia aleatória de construir uma pequena cerca em um dos becos próximos à minha casa e pintar um anjo com asas nela. Um pouco incomum, não acha? Já vi asas nas laterais de prédios em outras cidades que são ótimas para fotos e decidi que tentaria fazer a mesma coisa. A arte parece ter uma maneira de encorajar e elevar as pessoas, além disso, eu estava procurando maneiras de convencer os habitantes locais a visitar a área onde moro, então me pareceu uma boa ideia.

Pedi a um bombeiro conhecido que construísse a parede,[8] pintei de branco e postei no Facebook em busca de um artista para pintar as asas angelicais. Quinze minutos depois, uma artista de Sioux Falls chamada Jillian veio pintá-lo. Eu amo a internet!

Mais tarde naquela semana, Jillian estava no beco. Ela desenhou as asas em um caderno e, uma vez que ficou escuro o suficiente, montou um projetor, apontou-o para a parede e desenhou as asas com tinta preta.

Fiquei do lado de fora e conversei com Jillian enquanto ela pintava — em parte porque não me sentia confortável em deixá-la sozinha no beco depois de escurecer e em parte porque sou extrovertido e queria ouvir a história dela.

---

8 Obrigado novamente, Grant, por sua ajuda.

Jillian terminou as asas e elas ficaram ainda melhores do que eu esperava. Nos primeiros dias após o término, todas as emissoras de notícias da cidade publicaram uma história improvisada. Mas melhor do que a publicidade divertida foi conhecer vizinhos que eu não sabia que tinha quando eles pararam para ver o mural.[9]

Uma jovem chamada Kali tirou uma foto dela com as asas para comemorar o término do tratamento contra leucemia.

Grupos de amigos tiraram *selfies* juntos e postaram partes de suas histórias.

Um homem mais velho chamado Carney nos fez usar seu telefone para tirar uma foto dele.

As pessoas tiraram fotos de seus cães de família. Uma noiva passou por aqui no dia do casamento.

Uma veterana apareceu com seu vestido de formatura.

Uma senhora até tirou uma foto de sua bicicleta! Ela deve ter realmente amar aquela bicicleta.

Foi incrível. Mas minha mensagem favorita veio da própria Jillian. Poucos dias depois que o projeto foi concluído, ela me mandou uma mensagem: "Adam, eu só queria agradecê-lo novamente por esse projeto. Aconteceu em um momento em que eu realmente precisava. Estou muito grata por ter conhecido você e por esse projeto ter espalhado um pouco de amor e luz em minha vida e na de outras pessoas".[10]

---

9 Se você estiver em Sioux Falls, venha encontrar as #SiouxFallsWings e tire uma foto com elas!

10 Você pode conferir alguns dos outros trabalhos de Jillian no Instagram em @JillianArtistry.

Aventura. Pode parecer normal para alguns, mas eu diria que toda aventura que Deus nos proporciona é sobrenatural.

Jesus passou por muitas aventuras que eram claramente sobrenaturais. Dar visão aos cegos. Curar os enfermos. Abençoar pessoas que não podiam andar.

Mas havia muitas outras coisas que Jesus fez que pareciam bastante simples e comuns. Tocar o leproso que não era tocado por outra pessoa há muito tempo. Permanecer ao lado da mulher adúltera quando todos os outros pegavam pedras. Destinar seu tempo para ouvir os dois cegos que todos os outros diziam para ficarem calados. Para mim, os momentos em que vi mais claramente o amor de Deus foram por meio de pessoas. Por meio de Jake. De Joy. De Antonio. De Tyler e Travis. De um vizinho chamado Laurent. De Brett. De Rick e Val. De meus filhos. De minha esposa.

Claro, a aventura pode nos mostrar muito sobre o amor de Deus e a maneira como somos chamados a amar os outros, mas é quando vejo o amor de Deus na pessoa que olha para mim que o amor começa a ter um nome.

Jerry

Lembra da minha mesa improvisada na esquina da rua? No início, tudo o que recebi foram muitos olhares perplexos enquanto as pessoas passavam e olhavam para o meu anúncio "Precisa falar? Puxe uma cadeira". Eu estava muito desanimado. *Essa foi uma má ideia!* Pensei. Eu estava cada vez mais certo de que ninguém iria parar. Quer dizer, quem pararia?

Mas eu estava errado. Depois de um tempo, as pessoas começaram a falar comigo, agradecendo-me por estar disposto a ouvi-las enquanto elas passavam.

"Sobre o que você falaria comigo?", um cara perguntou. "Sobre que *você* quiser falar", respondi.

"Quer dizer que você realmente só quer ouvir as pessoas?"

"Sim. Eu só quero ouvir."

"Isso é bem gentil da sua parte. Obrigado por amar as pessoas."

Durante o tempo em que as pessoas passavam por mim, trabalhei escrevendo este capítulo, até que olhei para cima e vi um homem parado ao lado da minha mesa. Eu acho que ele tinha 60 anos ou mais, um cara bem vestido, parecia algum tipo de profissional.

"Então, posso apenas me sentar nesta cadeira?", ele perguntou. "Claro!", eu respondi.

"Tudo bem. Bem, meu nome é Jerry. Estou apenas esperando meu filho sair do trabalho. A vida tem sido muito estressante ultimamente. Mas eu estava gostando de andar pelo centro aqui."

Ele então passou a contar sobre seu trabalho como químico. Por cerca de dez minutos, falou sobre seu trabalho e tudo o que ele amava, principalmente usando um montão de palavras acadêmicas que eu não entendia. Com orgulho e entusiasmo, compartilhou suas realizações passadas e como ele estava orgulhoso do filho que estava esperando.

Eu escutei e disse que era bom ouvir sobre a família e o trabalho dele. "Não é da minha conta, mas antes você mencionou que estava estressado. Por favor, não sinta nenhuma pressão para compartilhar, mas você quer falar sobre isso?", perguntei.

"Bem...", ele iniciou e logo começou a chorar. Soluçava incontrolavelmente. Como ele estava de óculos escuros, não pude ver seus olhos, mas as lágrimas escorriam pelo rosto dele.

"Eu sinto muito. Isso é constrangedor", ele se desculpou.

"Não se desculpe nem se envergonhe. Estou tão feliz em poder estar aqui sentado com você."

Ele continuou a soluçar. "Ultimamente tenho lutado contra a ansiedade", disse ele. "Tenho tido crises de pânico. Eu sinto muito."

"Por favor, não se desculpe. Eu mesmo passei por isso. Estou feliz por poder ouvi-lo."

"Eu vi seu anúncio quando passei mais cedo. E decidi que se você ainda estivesse aqui quando eu voltasse, eu me sentaria. Obrigado por me ouvir."

"Estou honrado em fazer isso." Prossegui, dizendo-lhe que não se envergonhasse, que seria sensato conversar com um terapeuta sobre a ansiedade que ele enfrentava e compartilhei que vou regularmente a um terapeuta.

Eu disse: "Não sei onde você está ou no que acredita, mas você já pensou em convidar Deus para a sua escuridão? Convide-o para sua ansiedade, sua dor, para todo o estresse e todas as coisas que você está tentando processar".

Ele começou a soluçar novamente. Depois de recuperar a compostura, apontou para si mesmo e perguntou baixinho: "Você acha que Deus gostaria de fazer parte dessa confusão?".

"Eu não tenho dúvidas. Mesmo no vale mais escuro, Deus está conosco. Jesus está perto de nós em nossa dor e em nossa tristeza, e Ele ficaria muito honrado em entrar nesse barco com você."

Enquanto ouvia minhas palavras, o homem continuou a chorar. Ele sentou-se comigo por quase uma hora e, quando chegou às 17 horas, era hora de ele ir encontrar o filho. Ele se levantou para sair e se virou, parecendo ter esquecido de algo. "Posso perguntar qual é o seu nome?"

"É Adam", eu disse. "E você acabou dar um novo sentido ao meu dia."[11]

...

Ted, o garoto vizinho. As crianças da Ambrase Lekol. Jillian. Jerry. Estou sorrindo só de pensar em cada um deles. São pessoas que eu não teria conhecido se tivesse seguido meu plano de cinco anos ou minha agenda do dia.

Seguir Jesus é uma aventura. Você nunca sabe onde vai terminar ou, melhor ainda, quem vai conhecer. E se nossas agendas fossem sobre pessoas? Sobre nomes? Sobre histórias? Talvez, então, nossas agendas se parecessem mais com a aventura de Deus.

O amor nos abre para aventuras. O amor nos abre para as pessoas, seus nomes e suas histórias. Sem amor, ficamos fechados. Sem amor, nossos compromissos são mais importantes. O amor, porém, nos empurra para fora das paredes de nossas agendas e na direção das aventuras que Deus tem reservado para nós.

O amor torna cada dia uma aventura.

---

11 Desde então, tornei meu escritório improvisado na calçada uma coisa bastante regular. Eu orei com pessoas. Sofri com uma jovem mãe ao descobrir que seu pai tinha câncer terminal. Ouvi as histórias das pessoas. Estive presente com muitos enquanto eles choravam. Um cara tinha um violão e acabou cantando para mim. Sentei-me em completo silêncio com uma pessoa que acho que só queria estar perto de alguém. Uma pessoa que passou por mim outro dia disse o melhor: "Todo mundo precisa de alguém para ouvi-lo".

PARTE 3

O seu nome

Deus ama cada um de nós como se Ele fosse um de nós.
— **Santo Agostinho**

21

Você

Aquele a quem Jesus ama

Na casa dos meus pais, há um espelho de aumento preso à parede ao lado da pia do banheiro. É um espelho pequeno e circular que você pode puxar para aproximá-lo do rosto. Acho que o espelho é apenas um sinal de que meus pais estão envelhecendo, mas sempre que estou na casa deles, me pego puxando o espelho para olhar meu rosto.

Dá para ver tudo naquele espelho! Cada milímetro quadrado do estado real do nosso rosto. Eu gostaria de dizer que fico maravilhado com a beleza e a formosura do meu rosto, mas o oposto é realmente verdadeiro.

Nesse espelho de aumento, noto cada um dos fios de cabelo da orelha. E vejo cada espinha em formação.

As imperfeições aleatórias que nunca percebi em meu queixo parecem tão grandes que me pergunto por que ninguém as apontou para mim.

É horrível. Saio do banheiro dos meus pais ligeiramente deprimido a cada vez.

Por que muitas vezes notamos apenas nossas falhas?

. . .

Este livro está cheio de pessoas que me ensinaram a amar. Aprendi muito com cada uma delas, cada nome e cada história. Algumas eram fáceis de amar; outras, nem tanto. Mas ninguém é mais difícil de amar do que a pessoa no espelho: eu.

Sim, você leu certo. A pessoa mais difícil de amar sou *eu mesmo*, sem dúvida.

Eu sou crítico comigo mesmo. Dou a mim muita verdade e bem pouca graça. Mesmo depois de algum tipo de sucesso, sou rápido em apontar minhas falhas e como poderia ter feito melhor. Estou sempre em busca de áreas de crescimento. Eu me esforço para aceitar um elogio.[1]

Olhando para trás, em meus 38 anos de vida, sem dúvida posso ver muitos aspectos positivos — coisas que fiz, metas que alcancei —, mas também posso identificar meus arrependimentos. Como as imperfeições no meu queixo naquele espelho, meus arrependimentos parecem muito maiores do que qualquer um dos aspectos positivos.

---

1   Quando alguém me diz que eu preguei uma grande mensagem, minha resposta é: "No Antigo Testamento, Deus falou por meio de uma jumenta. Talvez Ele consiga fazer isso de novo?". Tenho dificuldades com elogios.

Falhas.

Erros.

Palavras que gostaria de retirar.

Ações que eu gostaria que tivessem acontecido apenas em um sonho, não na vida real.

Mesmo depois de seguir Jesus por 20 anos, ainda existem partes da minha vida que precisam de muito conserto.

Algumas semanas atrás, não usei bem minhas palavras. Eu estava em uma reunião com a equipe que trabalha mais próxima de mim e comecei a ficar impaciente. Eles não estavam entendendo o que eu tentava dizer. Fui ficando cada vez mais frustrado com o passar do tempo. Eu não gritei, xinguei ou fiz qualquer coisa maluca, mas me arrependi de minhas palavras curtas e impacientes, especialmente com uma equipe de pessoas que foram tão pacientes e me encheram de graça.

Mais tarde naquela noite, depois que Bec e eu fomos para a cama, apagamos nossas luzes e eu liguei meu ventilador, algo que faço todas as noites. Como ficamos ali em silêncio, apenas o ventilador soprando, ela poderia dizer que algo estava acontecendo comigo. "O quê?", foi tudo o que ela perguntou. As únicas palavras que consegui dizer foram "Às vezes, ainda me sinto tão desprezível".

Sim, luto para amar a mim mesmo, mas também luto para receber amor dos outros. Tenho medo de que as pessoas descubram o meu verdadeiro eu, vejam a pessoa quebrada e imperfeita que sou e se afastem de mim, sem fazer perguntas. Mas, acima de tudo, luto para entender o amor de Deus por mim.

Tão claramente quanto consigo ver os pelos das minhas orelhas naquele espelho de aumento, vejo toda a feiúra da minha vida e me pergunto como Jesus consegue me amar. Sei como minha vida *realmente* se parece. Vejo cada imperfeição.

Palavras duras que foram ditas.

Momentos de impaciência em que gritei, xinguei ou surtei.

Coisas feias que pensei sobre as pessoas.

O fracasso no exercício da paternidade. (Eu realmente agi parecendo completamente louco no meu quintal, na frente dos meus filhos?)

Motivos ocultos que não eram bons.

Coisas do meu passado das quais me arrependo profundamente.

Tempos em que eu não amei muito minha família.

Quando minha vida é ampliada, todas as coisas que me esforço tanto para esconder e suavizar na frente dos outros parecem enormes para um Deus do qual não posso me ocultar. Com essas coisas em evidência, regularmente questiono como um Deus perfeito poderia amar aquela pessoa no espelho olhando para mim.

· · ·

Um dos amigos mais próximos de Jesus era um cara chamado João. Ele era pescador, filho de um homem chamado Zebedeu.[2] João foi uma das primeiras pessoas a seguir Jesus e muitas vezes se referia a si mesmo como "aquele a quem Jesus amava".[3] Se você é uma pessoa que não enfrenta problemas relacionados à autoconfiança, você é como João, o

---

2   Precisamos seriamente de mais pessoas chamadas Zebedeu neste mundo. Que nome maravilhoso!

3   João 20:2.

oposto de mim. *Aquele a quem Jesus ama? Sério? Essa é uma declaração muito ousada, João!*

Olhando para o restante da vida de João, no entanto, esse amor era real e o levaria a pregar o evangelho por todo o mundo até que ele morresse, já idoso.[4] João não falou apenas sobre o amor de Deus por ele — ele viveu isso. Era sua identidade.

Sim, sou pescador.

Sim, meu pai é um homem com o grande nome de Zebedeu. Mas quem sou eu? Eu sou aquele a quem Jesus ama!

Quanto a mim, regularmente baseio minha identidade em outras coisas além de Jesus. Sim, costumo basear-me em coisas boas, como minha esposa e meus quatro bagunceiros, mas, na maioria das vezes, sou rápido para me definir com base em coisas como meu trabalho e como estou me saindo no trabalho em um determinado dia. Para me definir, também uso com base o que os outros pensam de mim ou quantas pessoas me validam em um dia com curtidas, comentários, sorrisos, mensagens ou elogios.

Anos atrás, o grande Henri Nouwen compartilhou as cinco mentiras que contamos a nós mesmos sobre nossa identidade:[5]

1. Eu sou o que tenho.

2. Eu sou o que faço.

3. Eu sou o que outras pessoas dizem ou pensam de mim.

---

4 Curiosidade: João foi o único dos doze discípulos a morrer de causas naturais. Deus com certeza o amava. Cara sortudo!

5 Henri Nouwen (@HenriNouwen), "Five lies of identity", Twitter, 23 de novembro de 2018, https://twitter.com/henrinouwen/status

4. Não sou nada mais do que meu pior momento.

5. Não sou nada menos do que meu melhor momento.

Em um momento ou outro, acreditei em cada uma dessas cinco mentiras. Caramba, no intervalo de um determinado *dia*, eu me pego acreditando em algumas delas, às vezes em várias delas ao mesmo tempo. Quando deixamos nossa vida ser definida por uma mentira, isso nos leva a buscar valor em áreas onde nunca deveríamos encontrá-lo — e então ficamos arrasados quando as coisas, pessoas ou circunstâncias mudam. Mesmo que encontremos nosso valor em coisas boas, como nosso casamento, filhos ou empregos, nossas identidades são incertas e frágeis.

Recentemente, um homem mais velho contou que foi apenas quando se aposentou e não tinha mais emprego que ele percebeu o quanto sua identidade e seu mundo estavam envolvidos em sua carreira. Confiante por anos, ele se viu lutando para descobrir qual era seu valor meses antes de se aposentar. Você podia ver a incerteza em seus olhos.

Mas eu quero ser "aquele a quem Jesus ama". Eu quero uma identidade que seja imutável, que seja constante e sempre a mesma.

Não importa qual seja a opinião pública.

Não importa o quão feias minhas palavras ou ações sejam. Não importa meu sucesso ou meu fracasso.

Não importa o que os outros digam ou pensem secretamente sobre mim.

Não importa se meus filhos vão para a faculdade ou se vou me aposentar depois de anos trabalhando no mesmo emprego.

Aquele a quem Jesus ama.

Para nossa sorte, João escreveu algumas cartas que nos falam mais sobre ser aquele a quem Jesus ama.[6] Em uma delas, ele compartilha tudo sobre o amor — sobre ser amado por Deus e amar os outros.

João nos diz: "O verdadeiro amor é Jesus dando sua vida por nós".[7]

---

6   João recebeu crédito por ter escrito o Evangelho de João, junto com as cartas 1, 2 e 3João.

7   Texto de 1João 3:16, parafraseado. Eu não poderia deixá-lo de fora! É uma linha de pensamento completamente diferente, mas muito boa. Então, João nos conta tudo sobre o que é o amor verdadeiro, e então ele diz: "Nós amamos porque Ele nos amou primeiro" (1João 4:19). Amamos os outros *por quê*? Porque Ele nos amou primeiro.

Fomos tão amados com um amor extravagante e incondicional (mesmo nos momentos em que não o merecemos) e, como resultado, não podemos deixar de estender o mesmo amor extravagante e incondicional aos outros (mesmo quando eles não o merecem). Não precisamos compartilhar esse amor, mas devemos fazê-lo! Se Deus verdadeiramente nos amou, como poderíamos guardar isso para nós mesmos?

Amamos os outros *como*?

Mesma resposta: porque Ele nos amou primeiro.

É somente com o amor de Deus dentro de nós, que somos capazes de amar os outros. Sozinhos, temos tão pouco amor. Eu li as palavras de João mais vezes do que posso contar, mas algumas semanas atrás, algo me atingiu pela primeira vez. Vou apenas deixar João dizer: "Queridos amigos, visto que Deus nos amou tanto, com certeza devemos amar uns aos outros. Ninguém jamais viu a Deus. Mas se amamos uns aos outros, Deus vive em nós e seu amor se aperfeiçoa em nós" (1João 4:11-12, parafraseado).

Se Deus nos ama tanto — certamente devemos amar uns aos outros. Ninguém jamais viu Deus (sim, eu concordo), mas se amamos os outros, seu amor é visto em nós. Não nosso amor desprezível e egocêntrico, mas o amor perfeito, infinito e incondicional dele é visto por outros em nós. Em nossas palavras e ações. Em nossas atitudes e em nossa vida. O quê? Surpreendente! Verdadeiramente maravilhoso.

Mas aqui está a parte que me chamou a atenção: quando amamos os outros, seu amor se torna perfeito e completo, não apenas para as pessoas que amamos, mas também *para nós*. No momento em que amamos os outros, experimentamos o amor perfeito de Deus em nós mesmos. Entre nós. Dentro de nós.

Por quê? Porque quando amamos os outros, somos mais parecidos com Jesus.

Se crescemos na igreja, talvez já tenhamos ouvido esse versículo antes, mas João não aprendeu sobre esse tipo de amor na escola dominical. Em vez disso, ele conheceu esse tipo de amor por experiência própria, por estar literal e fisicamente com Jesus.

Ele aprendeu com o Deus que amou o mundo de tal maneira que enviou Jesus.

Jesus, aquele que dá a vida eterna a quem nele crê.[8]

Jesus, o amigo com quem João teve que se sentar e ouvir.

Jesus, com quem João viajou e comeu pessoalmente.

Jesus, com quem João dormiu perto e conversou.

Jesus, o amigo perfeito de João que morreu na cruz por todos, inclusive pelos dois criminosos que foram pendurados ao lado dele e pelos guardas romanos que literalmente o pregaram naquela cruz.

Nossas palavras são mais parecidas com as dele.

Nossa atitude e pensamentos são mais parecidos com os dele. Nossas ações são mais parecidas com as dele.

Nosso amor é mais parecido com o dele.

E a melhor parte: nosso *coração* é mais parecido com o dele. Seu amor se aperfeiçoa dentro de nós e por meio de nós.

Muitas vezes me pergunto por que é tão bom amar os outros. Quando você ama sem preconceitos. Quando você ama sem esperar nada em troca. Quando você ama extravagantemente com tudo o que você tem. Quando você vê a melhor versão das pessoas, não a pior. Quando você ama como uma criança. Essa é a razão! O amor de Deus se aperfeiçoa dentro de nós.

Quando realmente amamos os outros, mesmo com nossas fraquezas e imperfeições, nos tornamos completos. Nós nos tornamos plenos. As rachaduras são preenchidas com o amor perfeito de Jesus. O mesmo amor que João conheceu em primeira mão.

8 Veja João 3:16.

Esse Deus, esse Jesus — Ele amava incondicionalmente. Sem asteriscos ou exceções.

Ele amava pessoas como João.

Como Trevon.

Como Tony.

Como Antonio.

Como Joy.

Como Mark.

Como G. I. C.

Como Brett.

Como Rick e Val.

Como Shirley.

Como eu.

Como você.

Você sabe que é amado por Deus? Que Deus enviou Jesus para você? Ele enviou Jesus para encontrá-lo quando você se sentir perdido. Para colocá-lo de volta no lugar quando estiver destruído. Para ser o centro e a base de quem você é.

Jesus sabe o seu nome. Sim, o seu. Ele conhece a sua história. Tudo isso. E Ele ama muito você. Com total graça e verdade.

Na verdade, você é aquele a quem Jesus ama. Eu também sou.

• • •

272 | O Amor tem um nome

Algumas das minhas primeiras lembranças de criança giram em torno da igreja e de Deus. Minha família ia à igreja todas as semanas! A menos que alguém estivesse à beira da morte ou estivéssemos em uma de nossas poucas férias em família, os Webers *nunca* perdiam um culto.

Mas não guardo boas memórias da igreja.[9] Em vez disso, são lembranças de tentativas semanais de convencer meus pais de que eu estava doente e não deveria ir à igreja.[10] Memórias de zombar do pastor durante os cultos enquanto ele dirigia as orações recitadas.[11] Memórias de contar sem pensar o número de luzes no teto do edifício de nossa igreja. Memórias de como fiquei aliviado quando a hora de tortura que chamávamos de culto acabou. Eu não acreditava em Deus e odiava ir à igreja. Essas são as memórias que tenho de uma criança de sete e oito anos.

À medida que fui crescendo, minhas dúvidas e aversão por todas as coisas relacionadas a Deus só aumentaram. Eu era a pessoa mais descontraída e tranquila que você poderia conhecer — a menos que Deus aparecesse em uma conversa. No colégio, uma vez fui convidado por um amigo íntimo para um estudo bíblico e gritei com ele: "Você está louco? Acabo de ter certeza que sim. Por que eu iria aos cultos matinais de domingo senão pelos meus pais que me forçam a ir? Por favor, nunca me peça para fazer isso de novo!".

Certo dia, em uma aula de inglês, alguém mencionou Deus, e eu rapidamente disse: "Você teria que ser um idiota para acreditar em Jesus!".

---

9 Eu compartilho toda a história de crescimento na igreja em meu livro *Talking with God* [Falando com Deus](Colorado Springs, CO: WaterBrook, 2017).

10 Se eu tivesse ficado doente de verdade em uma manhã de domingo, teria morrido. Meus pais nunca acreditariam em mim.

11 Anos depois, e ainda me lembro de quase todas as orações.

Essas são minhas memórias de quando eu era um estudante do segundo ano do ensino médio.

Mais tarde, no meu segundo ano, minha família mudou de igreja. Achei uma péssima ideia. No entanto, entrar na nova igreja naquele primeiro domingo foi muito diferente de tudo o que eu já tinha experimentado antes. As pessoas realmente pareciam querer estar lá.

O quê? Você gosta de igreja? Você não pode sorrir na igreja! Pare de sorrir. E pare de bater palmas!

Não parecia a hora da tortura pelo tédio a que estava acostumado. E a visão também não era tão ruim para um estudante do ensino médio — a nova igreja estava cheia de garotas bonitas da minha idade.

Todos os domingos, o pastor compartilhava sobre Jesus. Em vez de as palavras passarem pela minha cabeça e soarem como um jargão ou uma aula ruim de História, na melhor das hipóteses, as palavras começaram a me atingir bem no peito. Esse pastor não era um pregador carismático e cheio de energia, nem nada. Em vez disso, era um homem simples, de fala mansa e gentil. Durante as mensagens, eu ficava emocionado e não conseguia explicar o porquê. Parecia que ele estava falando diretamente para mim e minha família.

Ele está vasculhando nosso lixo ou algo assim? Como ele sabe disso sobre mim?

Logo comecei a ter vontade de ir à igreja e ouvir o que o pastor tinha a dizer. Lentamente, algo começou a acontecer dentro de mim. Eu não podia negar que havia algo nessa "coisa de Deus" que eu tinha zombado e menosprezado por tanto tempo.

Eu não estava procurando por Jesus. Eu não era espiritual ou mesmo aberto a Deus. Eu não queria nada com Ele — mas Ele queria tudo comigo.

Certa quarta-feira à noite, ao voltar do grupo de jovens para casa, cheguei à conclusão inegável de que Deus era real. Eu não conseguia acreditar — fiquei chocado com o lugar onde eu tinha chegado. Lembro-me de ter pronunciado as palavras em voz alta: "Deus, o Senhor é quem diz que é", mas então a próxima coisa que pensei foi: *E de jeito nenhum o Senhor gostaria de ter algo a ver comigo! Nada!*

Foi uma sensação de profunda alegria — *Deus, o Senhor é algo que estive procurando inconscientemente por toda a minha vida e agora que o encontrei* — voltando-me para a lamentação —, *como o Senhor poderia me amar?*

Pensei em todos os anos em que falei tão mal de Deus, zombei de pastores e fui sarcástico quando alguém mencionava Deus ou Jesus na minha frente. Na minha cabeça, se alguém tivesse zombado de mim por anos e de repente quisesse ser meu amigo, eu não teria pensado duas vezes antes de dizer: "O quê? Vai se danar!".

Mais do que isso, porém, eu conhecia a pessoa no espelho.

O garoto de cabelo encaracolado que teve dificuldade para se encaixar durante o Ensino Fundamental.

O garoto que se esforçou tanto para ganhar o amor dos colegas de classe, mas não conseguiu.

A pessoa que tinha dificuldade em receber amor de alguém porque tinha certeza de que, se alguém realmente o conhecesse, o rejeitaria.

A pessoa que nunca levou muito a sério os relacionamentos amorosos para que não pudesse ser rejeitada.

A pessoa que constantemente questionou seu valor e amor. A pessoa que diariamente se sente um fracasso.

A pessoa que sou — minha história, quantas coisas eu arruinei, quantas coisas eu gostaria de poder desfazer.

Por que Deus me quer? Na época, eu era um garoto do ensino médio que tinha todo tipo de porcaria em sua vida privada. Como Deus pode me querer? Eu tinha certeza de que Ele não poderia e não queria.

Mas em um determinado domingo, meu pastor estava falando sobre o amor de Deus, e ele mencionou algumas palavras de um homem chamado João: "Veja que grande amor o Pai tem derramado sobre nós".[12]

Pela primeira vez, minha alma ouviu Deus sussurrar: *Você é aquele a quem Eu amo, Adam.*

Com o passar dos anos, essa ainda é a coisa mais difícil para eu acreditar sobre Deus. Não a existência de Deus. Não é por isso que o mal existe no mundo. Não é por isso que coisas ruins acontecem a pessoas boas. Claro, fiz essas perguntas, e lutei com elas, mas não tanto quanto fiz com o amor de Deus.

Às vezes, tenho ouvido Deus dizer em alto e bom som: *Você é aquele a quem Eu amo.*

Outras vezes, sei que Ele está falando as palavras, mas não consigo ouvi-las: *Você é quem Eu amo.*

Essa declaração vai totalmente contra tudo o que nos ensinam — que precisamos conquistar o amor de alguém. Isso vai completamente contra muitas das coisas que estou constantemente dizendo a mim mesmo, como: *Você não é bom o suficiente. Se as pessoas descobrirem quem você é de verdade, elas irão embora.*[13]

---

12 Texto de 1João 3:1.

13 Alguns domingos atrás, fiquei extremamente desanimado. Eu estava questionando a mensagem que estava prestes a pregar. Sentindo-me completamente inadequado

Vai contra o que digo a mim mesmo depois de errar: *Deus não vai amar você depois disso!*

Vai contra o que o mundo tenta nos dizer, que o amor vem do sucesso, de ganhar a atenção e a aprovação dos outros.

Embora eu nunca dissesse racionalmente que precisamos ganhar o amor de Deus, eu frequentemente me sinto culpado de viver assim. Ao longo dos anos, sempre me esforcei para fazer o suficiente para Deus. Para fazer coisas boas o suficiente. Para ajudar as pessoas o suficiente. Para ser religioso o suficientes. Para contar a muitas pessoas sobre Jesus. Para não fazer ou mesmo *pensar* em coisas ruins. Para ter sucesso de maneiras completas para Deus. Eu continuo correndo, e correndo, e correndo — enquanto Deus está falando: *Você é aquele que eu amo.*

É essa verdade que mudou minha vida e minha história, e sei que tem o poder de mudar a sua também.

• • •

Ser aquele a quem Jesus ama é ótimo e tudo, mas como podemos realmente começar a *sentir* seu amor em nossa vida? Como podemos mover isso de uma boa resposta de escola dominical para nosso coração — para entendê-lo da mesma forma que João fez? Como podemos permitir que isso nos mude de dentro para fora — mudando a forma

---

para ser usado por Deus e, ainda mais grave, eu estava questionando meu valor. Até que um homem mais velho da igreja se aproximou de mim. Um irmão querido e percebeu que algo estava errado em mim sem que eu dissesse uma palavra. Ele colocou a mão no meu ombro, olhou-me nos olhos e disse: "Adam, você é tão amado por Deus". Lágrimas inundaram meus olhos. Que coisa maravilhosa ser plena e completamente amado por Deus. Amo você, Gene McDaniel.

como pensamos sobre nós mesmos, sobre as outras pessoas e sobre quem Jesus é para nós?

Vou ser honesto: é mais fácil falar do que fazer. Assim como minha experiência com o espelho de aumento dos meus pais, é muito fácil para nós identificarmos todas as nossas falhas. Hoje, isso parece mais preciso do que nunca.

Mas a verdade é que nós — você e eu — somos aqueles a quem Ele ama, e abraçar esse amor começa com a compreensão de nossas histórias. Alguns de nós têm a sorte (ou talvez não) de ter histórias grandiosas e chamativas que nos rendem as manchetes e nos fazem entrar nos livros de História. Se é você, isso é incrível! Mas a maioria de nós provavelmente se parece mais com Shirley, Joy, Brett, Rick e Val, Tyler e Travis — pessoas cujas histórias podem não ser lembradas por todos, mas cuja vida aponta para uma coisa: eles são aqueles a quem Jesus ama.

Cada uma dessas pessoas usou sua história para servir e impactar outras pessoas para Jesus — percebendo o imperceptível, multiplicando a generosidade, confortando durante o pior momento, permanecendo quando todos os outros foram embora. Eles usaram suas histórias para causar impacto.

Você pode estar pensando: *Isso é ótimo e tudo, Adam. Fico feliz que Rick, Val, Shirley e Joy tenham histórias que mudaram vidas. Mas e eu? Minha história não tem nada especial, e ainda não acredito realmente que sou aquele a quem Jesus ama.* Sem problemas! Vamos dar um passo atrás. Por mais que eu tente dizer que você é aquele a quem Jesus ama, essa verdade não mudará nada sobre você ou sua história se você mesmo não acreditar nisso.

Assim como o primeiro passo para amar os outros é conhecer suas histórias, o primeiro passo para perceber e sentir o amor que Deus tem por nós é conhecer nossas próprias histórias — as boas, as ruins e os momentos em que vimos o amor de Deus tão claramente.

Volte e comece do início: quais são alguns dos destaques de sua vida até este ponto? Momentos em que você se sentiu encorajado, especial, amado? Por outro lado, quais são os pontos baixos? Quais são as coisas difíceis e horríveis que você experimentou? Quais são as memórias que você nunca vai esquecer, boas e ruins? Como os pontos altos e baixos da sua vida afetaram a maneira como você vê o mundo? Agora, como você viu Deus agindo em tudo isso? Quando você se sentiu próximo de Deus? Houve ocasiões em que você teve sentimentos maravilhosos — antes mesmo de acreditar em Deus — que não consegue explicar? Foram os tempos em que você foi tirado da escuridão em que estava?

Isso também não precisa ser um processo simples de autoexame. Claro, você pode escrever essas coisas em um caderno, colocando-as no papel para esclarecer seus pensamentos, mas principalmente estou apenas querendo que você fale com Deus. Dê uma olhada em sua vida e procure os lugares onde você sentiu o Senhor trabalhando. Como eu, tenho certeza de que você encontrará alguns momentos não tão bons, mas eu sei, sem qualquer dúvida, que memórias de amor, felicidade e calor também virão à tona.

Dando um passo adiante, crer nessa verdade de que Deus nos ama depende de uma coisa: realmente passar um tempo com Jesus. Todos os dias. Eu sei, é algo muito emocionante e uma mudança de vida, não é? Acredite em mim, é isso mesmo.

Acreditar que você é aquele a quem Jesus ama começa com passar um tempo com aquele que o ama — Jesus. Não tenho certeza do que isso significa para você, mas para mim geralmente parece ser pela manhã, dez minutos em um cafeteria tranquila, depois que meus filhos vão para a escola, tirando um tempinho em silêncio. Sem e-mails, sem listas de verificação, sem nada — apenas Jesus e minha Bíblia. Ficar quieto e pedir a Deus que fale. Ou escrever as coisas com que estou preocupado e estressado e pedir a Ele que as carregue para mim. Outras vezes, estou adorando no meu carro (cantando a plenos pulmões) ou sentado na varanda da minha casa ouvindo o vento soprando em minhas árvores de bordos, em reverência a Deus, aquele que criou todas as coisas. Passar um tempo com Jesus pode ser feito de um milhão de maneiras diferentes:

- Caminhando e apenas orando enquanto você olha para o céu.
- Fazendo registro no diário.
- Escrevendo seus pensamentos e pedidos de oração a Deus.
- Lendo um devocional pela manhã ou antes de dormir.[14]
- Definindo um lembrete em seu telefone para orar em determinados momentos do dia.

Seja o que for, reserve um tempo para estar com Jesus hoje. Não é bom apenas para você (como comer vegetais; obrigado, mãe); é a chave para acreditar e *saber* em sua alma que você é aquele a quem Jesus ama.

Somos capazes de acreditar plenamente que somos aquele a quem Jesus ama apenas quando encontramos nossa identidade somente nessa verdade, e não em algo ou em alguém. O que quero dizer com "identidade"? É quem você diz que é. É o que você acha que é a coisa mais

---

14 Um devocional que eu faço questão de recomendar com insistência é o *Espiritualidade emocionalmente saudável – dia a dia,* de Peter Scazzero (São Paulo: Hagnos, 2017). Foi uma mudança de vida para mim.

importante sobre você. Portanto, para descobrir em que você baseia sua identidade, pergunte-se:

Quando me apresento, quais são as primeiras coisas que digo a outras pessoas ou quero que saibam sobre mim?

Quando estou mais estressado? Sobre o que, especificamente, estou estressado?

Quando eu falho, como me sinto? Qual é a única coisa na minha vida sobre o que eu nunca quero falhar?

Quais são uma ou duas coisas na vida sem as quais não posso viver? O que temo que as pessoas descubram sobre mim?

Examine-se. Ao fazer isso, tenho certeza de que encontrará algumas áreas em que está colocando sua identidade em algo diferente de Jesus. Sei que tenho feito isso. Tenho uma lista de coisas! Afinal, somos humanos.

Depois de encontrar a área ou as áreas nas quais está baseando sua identidade, dê outro passo. Reconheça isso, para si mesmo e para Jesus.

Isso pode parecer como contar a um amigo. E falando a Deus sobre onde você está colocando sua identidade.

Se possível, faça uma pausa na área para a qual você corre rapidamente, em vez de ir para Jesus.

Peça a Deus que o ajude:

Jesus, dou esta área para o Senhor. Entrego o controle disso.

Não quero mais que minha estima, valor ou identidade venha disso. Quero que o meu valor venha do Senhor, de quem o Senhor diz que eu sou.

Quero que minha identidade seja fundamentada no grande amor que o Senhor tem por mim.

Seja o que for, faça tudo o que puder para encontrar sua identidade em Jesus e somente nele. Quando o fizer, prometo que começará, talvez pela primeira vez, a compreender que você — sim, você — é aquele a quem Jesus ama.

· · ·

Enquanto escrevo isso, no lugar e no momento da vida em que estou agora, Deus está falando o mais alto que já falou comigo.

Ele está falando palavras de encorajamento para mim: *Você pode fazer isso, Adam. Estou muito orgulhoso de você.*

Palavras de orientação: *Siga-me hoje, Adam. Meu plano é fácil e meu fardo é leve.*

Palavras de amor: *Você, Adam, com todas as suas falhas, erros e coisas que gostaria de desfazer — você é quem eu amo.*

Isso quer dizer que a voz de Deus parece mais alta para mim como num passe de mágica. Isso aconteceu porque minha vida e as coisas que competem com a voz de Deus ficaram mais calmas. Ele não está falando mais alto; finalmente estou ouvindo mais o que Ele tem a dizer.

· · ·

Meu filho mais velho, Hudson, é um pouco perfeccionista. Esqueça isso — ele é um perfeccionista completo! Ele odeia cometer erros e parecer tolo. Ele responde a um A- em um projeto escolar da mesma maneira que eu costumava responder a um D+. Tudo o que ele faz, quer fazer perfeitamente.

Outro dia, fui buscá-lo na escola, e ele ficou muito animado em me dizer que havia entrado para a banda de jazz da escola. Eu disse rapidamente: "Isso é maravilhoso, Hudson! Superlegal!". Ele vinha praticando diariamente por meses e estava nas nuvens, e eu estava nas nuvens por ele.

Momentos depois, quando o entusiasmo diminuiu um pouco, senti Deus me cutucando para falar. Paramos em um sinal vermelho e olhei para Hudson, diretamente em seus olhos. Eu queria que a alma dele ouvisse minhas palavras.

"Hudson, estou orgulhoso de você por se esforçar tanto em algo que ama. É emocionante você fazer parte da banda de jazz. Mas eu só quero que você saiba uma coisa:

Que no seu pior dia.

Depois do seu maior fracasso.

Seu maior constrangimento.

No seu momento mais baixo.

Quando todo mundo estiver se afastando de você.

Eu ainda estarei ao seu lado.

Eu ainda estarei torcendo por você.

Eu ainda terei orgulho de você.

Mesmo assim, ainda vou amar você."

Com os olhos dele focados nos meus, você poderia ver as palavras aquecerem o coração dele. Era quase como se a alma dele tivesse tomado fôlego.

Em um nível infinitamente maior, esse é o amor de Deus por nós. Ele nos olha nos olhos e gentilmente fala as palavras.

Mesmo assim, ainda vou amar você.

Mesmo assim, ainda vou amar você, Adam.

Mesmo assim, ainda vou amar você, (seu nome).

Você é aquele a quem Jesus ama.

Para Deus, esse não é apenas mais um título para nós. Não é mais um detalhe sobre nós. Não faz parte da nossa identidade. Aos seus olhos, é *quem somos.*

Você é aquele a quem Jesus ama, e eu também sou. Ele o ama.

Não é apenas algo que ele faz, *é quem ele é.*

É o nome dele.

Jesus.

**Embora nossos sentimentos venham e vão,
seu amor por nós não.**

Clive Staples Lewis

Obrigado

Aos pastores, aos amigos e às pessoas maravilhosas que têm derramado seu amor em mim: Roger e Joan Spahr, Brad Lomenick, Bishop Ough, Matt Brown, Luke e Lindsey Lezon, Jon Weece, Ken Costa, Tyler Reagin, Jason Laird, David Calhoun, C. J. e Stephanie Ham, Chris Brown, Michael Schlact, Juli Wilson, Heidi Shives, Anthony e Kendra Siemonsma, Stephanie Keyes, John e Kaylee Koch, Dave DeVries, Aaron Pennington, Jael Thorpe, Rob Wilton, Mark Sayers, Joel Bennett, Paul TenHaken, Travis Jacobs, Melissa Goff, Trevor Ferguson, Justin Lathrop, Carlos Whittaker, Brian e Andrea Rock, Austin e Calli Walker, Jessie Finke, Jess Waltner, Justin e Kristin Nichols, Rashawn Copeland, Daniel Fusco, Jim Lake, Mike Foster, Jennifer Dukes Lee, Scott Sauls, Andy Dalton, Shannen Bozied, Jason Roy, Josh Gagnon, Casey Helmick, Nick e Bekah Hauert, Dustin Strande, Jered e Callie Schock, Stuart Norberg, Carey Nieuwhof, Chad e Sarah Kurtenbach, Reid e Lauren VanderVeen, Kristopher e Rachel Gage, Phill Tague, Paul Marzahn, Jason Strand, Ryan Konz, Steve Martyn, Rex e Julie Benz, Gary e Chris Haugan, John (com todas as coisa velhas e boas em garagem), Eric e Jessica Rice, Matt Best, Jerrid Sebesta, Ben e Ashley Statema, Brooks e Leah Pidde, Darrin Patrick, Lisa Whittle, Hal Donaldson, Dan Dykhouse, Tara Rollinger, Jason Romano, Nike Ohonme, Ben Ingebretson, Tom Patterson, Kevin Smith, James JB Brown, Lisa Bevere, Brad Montague, Mark Batterson, Kait Warman, Jeff Henderson, Jay e Katherine Wolf, Adam Hamilton, JD Walt, Nicole Zasowski, Jeremy DeWeerdt, Ryan Romeo, Joe Hubers, Chris Durso, Denisse Copeland, Rebecca Trefz, Dwight, Jay Huizenga, e muitos outros mais.

Aos meus irmãos: Hugh e Amy Weber, Luke Weber, e Becca e Seth Honeyman. Eu amo cada um de vocês.

A todos que ajudaram a moldar este livro de alguma forma: Kaylyn Mehlhaff, Travis Waltner, Patty Crowley, Danielle Ferguson, Jason Smith, Kylee Breems, Rick Post, Wendy Tryon, Rick Melmer e Rachel Dewey.

A Andrew Stoddard, Paul Pastor, Douglas Mann, Helen Macdonald e todos na WaterBrook, sou muito grato por poder trabalhar com um dos melhores editores que existem.

A Chris Ferebee, ainda não consigo acreditar que você se arriscou comigo.

À Angela Scheff, sou eternamente grato por seu incentivo e orientação constantes. Eu me belisco a cada vez que conversamos.

A Tim Willard, obrigado por ver algo em mim que não vi em mim mesmo. Obrigado por abrir portas para mim, as quais eu nunca poderia abrir sozinho. Este livro e todos os livros futuros são por sua causa.

À Embrace Church, obrigado por serem minha família, minha equipe e meus amigos. Obrigado pela honra de me permitir ser seu pastor.

À Kaylyn Mehlhaff. Suas impressões digitais estão por todo o livro, ajudando essas histórias e capítulos a ganharem vida e se unirem. É uma alegria e uma honra absoluta ver você crescer como editora por meio deste livro. Alguém precisa de uma editora de livro? Kaylyn é uma das melhores!

Aos meus amigos mais próximos que me levaram a Jesus nos últimos anos: Tyler Goff, Travis Waltner, Rick Post, Cody Bozied, Holly Brown, Jason Smith, Rick e Val Melmer, Matt LeRoy, Jarrid Wilson, Travis Finke, Troy Keyes, Matt Tobin, Ben Shives, Brian Thorpe e muitos mais. Em vez de se afastarem de mim, vocês se aproximaram. Nunca serei capaz de agradecer o suficiente.

À mamãe e ao papai, Jim e Nancy Weber, amo vocês dois. Agradeço a Deus por cada dia e cada ano que tenho com vocês.

A Hudson, Wilson, Grayson e Anderson, vocês me mostram Jesus diariamente, e só espero fazer o mesmo por vocês. Eu amo ser o pai de vocês mais do que palavras podem explicar. Amo vocês.

À Bec, obrigado por escolher me amar a cada dia. Você é minha melhor amiga, minha maior líder de torcida e minha esposa. Eu amo você. Tanto. Seu livro é o próximo.

A cada pessoa que me permitiu compartilhar sua história, história que impactou a minha e inúmeras outras, pois sei que terá um impacto na vida de cada pessoa que ler este livro.

A você, leitor, sou grato por você ter lido tudo o que eu escrevi. Só espero que este livro o ajude a entender como amar os outros. Mais do que isso, espero que o ajude a entender o profundo amor que Jesus tem por você.

Ao Senhor Jesus, por me encontrar quando eu estava perdido, por me recompor quando eu estava quebrado, por me defender quando eu não pude me defender. Por ser meu amigo, Salvador e Senhor.

Sua opinião é
importante para nós. Por
gentileza, envie seus
comentários para o *e-mail*
editorial@hagnos.com.br

Visite nosso *site*:
www.hagnos.com.br

Esta obra foi composta na
fonte Liberation Serif corpo
12 e impressa na Imprensa
da Fé.
São Paulo, Brasil,
Primavera de 2021.